COLEÇÃO
EDUCAÇÃO FINANCEIRA

# ADEUS, DÍVIDAS

ESTRATÉGIAS PRÁTICAS PARA CUIDAR DO SEU DINHEIRO

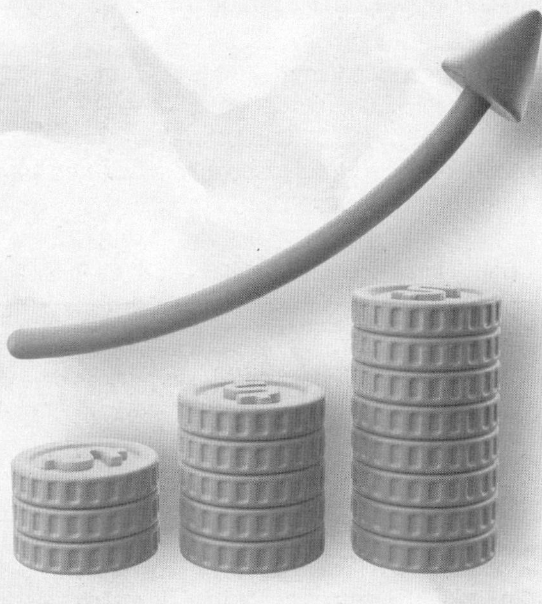

EDITORA
CHAVE MESTRA®

## Ficha Técnica

EDITORA
CHAVE MESTRA®

Av. Marcos Penteado de Ulhoa Rodrigues, 1119 – Tamboré, Alphaville - SP,
Ed. Office Shopping Tamboré – Andar 21 – Sala Chave Mestra
CEP: 06460-040
@editorachavemestra
editora@editorachavemestra.com.br
Acesse: www.editorachavemestra.com.br



**Título original em português:**
Adeus, dívidas: estratégias práticas para cuidar do seu dinheiro



**Direção editorial:** Raquel Medeiros
**Coordenadora editorial:** Bartira Costa Neves
**Assistente editorial:** Eloiza Andrade e Larissa Robbi Ribeiro
**Revisão:** Gabriela Andrade e Híllona Anjos
**Diagramação:** Weslei Eugênio
***Branding* de capa:** Izzo Medeiros
**Projeto gráfico:** Weslei Eugênio

*O conteúdo desta obra é de total responsabilidade dos autores e não reflete necessariamente a opinião da editora.*

Dados Internacionais de Catalogação na Publicação (CIP)

Vale, Rogério (Organizador)
V149 Adeus, dívidas: estratégias práticas para cuidar do seu dinheiro / Rogério Vale (org.) – Barueri, SP: Chave Mestra Editora, 2024.
232 p.: 16 x 23 cm

ISBN 978-65-5496-032-8

1. Finanças. 2. Educação Financeira. 3. Desenvolvimento pessoal. 4. Finanças pessoais. 5. Sucesso financeiro. 6. Investimentos. I. Título.

CDD 158.1

COLEÇÃO
**EDUCAÇÃO FINANCEIRA**

# ADEUS, DÍVIDAS

## ESTRATÉGIAS PRÁTICAS PARA CUIDAR DO SEU DINHEIRO

EDITORA CHAVE MESTRA®

IDEC INSTITUTO DE DESENVOLVIMENTO COMPORTAMENTAL

# SUMÁRIO

# PREFÁCIO

## ANA LUISA NASCIMENTO

Você tem dívidas? Eu também já tive e hoje, graças à educação financeira, passei de devedora a investidora. Muito prazer, me chamo Ana Luisa Nascimento, sou educadora financeira, especialista em finanças comportamentais, e tenho como missão ajudar as pessoas a alcançarem a tranquilidade financeira.

Apresento a você o livro *Adeus, dívidas*, um guia prático e abrangente escrito por especialistas de várias áreas. Trata-se de um projeto meu e do prof. Mateus Buffone no qual 28 autores colaboraram com suas expertises e experiências para ajudar você na quitação de dívidas. A leitura da obra vai te entregar os conhecimentos e as ferramentas necessárias para você eliminar suas pendências e alcançar os seus objetivos financeiros.

A ideia do livro surgiu da necessidade de levar ao público o **caminho correto** para ter uma melhor relação com o crédito e mudarmos os números alarmantes e crescentes do grau de endividamento dos brasileiros. Segundo diversas pesquisas, atualmente, quase metade da nossa população está inadimplente. Precisamos mudar isso!

Em um país onde a educação financeira ainda é um deserto, o *Adeus, dívidas* é uma obra que aborda o tema das dívidas sob uma perspectiva prática e acessível. Nosso objetivo é guiar você por estratégias e técnicas que vão desde a organização financeira básica até a criação de um plano de ação para ter uma reserva de dinheiro e quitar pendências. Eu, Mateus e todos os demais autores queremos que você entenda que **é possível não apenas sair das dívidas, mas também construir riqueza**.

A escrita dos capítulos veio tanto de experiências pessoais como profissionais ao longo de anos de atendimento a pessoas e famílias em diversas situações. Eu mesma já vi e vivi o impacto devastador que as dívidas têm na vida das pessoas, mas também **testemunhei histórias incríveis de superação**.

A leitura do *Adeus, dívidas*, além de informativa, é uma jornada transformadora que vai te motivar a tomar o controle das suas finanças e a seguir o caminho que leva a uma vida tranquila e com dinheiro no bolso. No capítulo "O poder da união familiar", entenda como a colaboração e o apoio dentro da família fazem uma enorme diferença na superação das dívidas. Em "Construa riqueza através dos investimentos", tenha uma visão prática sobre como começar a investir e garantir um futuro mais seguro. Identifique o impacto da opinião de amigos e conhecidos nas suas finanças em "Influências externas e decisões financeiras". Já no capítulo "Cartão de crédito: de vilão a aliado", desvende como essa ferramenta que gera tantas controvérsias pode ser utilizada de forma consciente e vantajosa.

Minha missão é ajudar você a alcançar suas metas e viver a vida que sempre sonhou. Como educadora financeira, te convido a seguir na leitura e na sua jornada de organização. Acesse também @temeducacaofinanceira no Instagram e fique por dentro de dicas e conselhos diários sobre finanças pessoais. Juntos, vamos dizer "Adeus, dívidas" e dar boas-vindas à melhor versão de si mesmo.

**Ana Luisa Nascimento**

@temeducacaofinanceira

# ADRIANA MAZZOCCANTE

Sou Adriana Mazzoccante, casada, mãe de duas meninas lindas e graduada em Administração de Empresas. Empresária há 20 anos, criei negócios do zero, montei franquias e administrei vários negócios simultâneos.

Decidi pelo caminho do planejamento financeiro quando eu, bem resolvida, deparei-me com o inventário do meu pai. Ele teve uma morte repentina e, naquele momento, descobri que não bastava estar organizada se eu não tivesse um planejamento financeiro bem definido.

Logo que o inventário foi finalizado, resolvi que não queria que pessoas passassem pelo que passei. Estudei muito, e com o conhecimento adquirido ao longo dos anos e a vivência como empresária, vendi meus negócios e hoje transformo a vida das pessoas com o poder do planejamento financeiro.

adrianamazzoccante

mazzoccante@gmail.com

ADEUS, DÍVIDAS

ESTRATÉGIAS PRÁTICAS PARA CUIDAR DO SEU DINHEIRO

# 1 O PODER DA AÇÃO NO PLANEJAMENTO FINANCEIRO

POR ADRIANA MAZZOCCANTE



**Você está 100% satisfeito com sua vida financeira?** Independente da resposta, adianto que a maioria das pessoas não está satisfeita com a vida financeira que têm. Mesmo assim, por que é tão difícil falar sobre dinheiro?

O assunto é tabu entre famílias, amigos e casais. Falar sobre finanças causa desconforto e resistência para muitas pessoas. Esta falta de comunicação acaba gerando conflitos financeiros.

Meu objetivo é mostrar porque devemos conversar mais sobre dinheiro e administrar melhor nossas finanças através do planejamento financeiro. Mas, antes, quero que entenda como o planejamento financeiro impactou minha vida.

Graduada em Administração de Empresas, cheguei a ter cinco negócios simultâneos. Um belo dia, decidi vender todas as empresas e me dedicar ao planejamento financeiro. Muitos pensaram que eu havia surtado, mas o que vou contar aqui vai fazer você entender por que eu tomei essa decisão.

Decidi pelo caminho do planejamento financeiro quando eu, bem resolvida, deparei-me com o inventário do meu pai. Em um domingo, em 18 de dezembro de 2016, almoço em família na minha casa, só alegria, todo mundo falando alto e ao mesmo tempo. Não sabia que seria o último dia de vida do meu pai. Hoje, posso afirmar que foi a despedida dele.

Ele saiu da minha casa e foi jogar o baralho italiano que tanto gostava. Retornou por volta das 22 horas e foi dormir. Às 7 da manhã, acordei com um telefonema da minha mãe, desesperada, falando que meu pai estava passando mal. Morávamos no mesmo condomínio. Cheguei em 5 minutos, mas meu pai já estava sem vida.

Foi uma morte inesperada e dolorosa. Ele era muito querido. Um italiano forte, reconhecido por sua generosidade em ajudar as pessoas. Naquele momento, descobri que não bastava estar organizada e resolvida se eu não tivesse um planejamento bem definido.

Durante o inventário, não sabia como proceder com os investimentos, divisão dos bens, nem a quem recorrer num momento tão delicado. O advogado cuidou da parte burocrática, o gerente auxiliou nos processos do banco, amigos e parentes foram solidários, mas faltou um profissional ao meu lado para auxiliar nas decisões financeiras estratégicas da minha família.

Com o inventário finalizado, decidi que nunca mais passaria pelo que passei e, se dependesse de mim, ninguém passaria. Optei por estudar o assunto para minha vida pessoal. Fiz MBA em Investimentos e *Private Banking*, uma especialização em Educação Financeira e outra em Planejamento Financeiro e Finanças Comportamentais, além de inúmeros cursos do segmento.

Descobri que havia encontrado meu propósito e resolvi unir minha vivência empresarial, anos de estudos e honrar meu querido pai, Adriano Mazzoccante, com sua generosidade de fazer a diferença na vida das pessoas.

Vendi os meus negócios e, com a ajuda de um planejador financeiro, fiz minha transição de carreira. Abracei a missão de transformar vidas, despertar a consciência financeira e empoderar pessoas rumo ao bem-estar financeiro.

Já parou para refletir quais são os principais erros que te impedem de ter uma vida financeira saudável? Um segredinho meu e seu: o sucesso financeiro não depende de quanto você ganha, mas sim de quanto você gasta.

Se hoje você perdesse a sua principal fonte de renda, por quanto tempo conseguiria se manter? Se respondeu 1 dia, 15 dias, 1 mês, 2 meses, eu deixo um alerta: você e sua família estão em risco. Estão vivendo totalmente o hoje, esquecendo de construir uma reserva e contribuir para o seu eu do futuro.

Segundo IBGE, somente 1% dos aposentados conseguem arcar com seus próprios custos de vida[1]. Imagine você chegar aos 60 anos desejando diminuir o ritmo de trabalho e não poder? Porque deixou de aproveitar o momento mais produtivo da vida (35-55 anos) para encher os bolsos de dinheiro.

1 "APENAS 1% da população vai viver dos próprios recursos após os 60 anos". *ANBIMA*. 28 ago. 2019. Disponível em: https://www.anbima.com.br/pt_br/noticias/apenas-1-da-populacao-vai-viver-dos-proprios-recursos-apos-os-60-anos.htm. Acesso em: 11 jun. 2024.

Quero mostrar a importância do planejamento com um case de uma cliente. Ela trabalhou com bons salários durante a vida produtiva, mas, aos 70 anos, aposentou-se compulsoriamente com INSS de aproximadamente 4 mil reais, não conseguiu manter o padrão de vida e passou a consumir a pequena reserva que construiu. Se continuasse no mesmo ritmo, o dinheiro acabaria em quatro anos. Em uma de nossas reuniões, ela comentou: "Eu trabalhei a vida inteira para pagar contas, não me preocupava, só pagava e achava que estava tudo certo".

Vivemos no automático. Trabalhamos e pagamos contas. Vivemos na "corrida dos ratos", como menciona Robert Kiyosaki no livro *Pai rico, pai pobre*[2].

Com essa cliente, identifiquei que o melhor cenário para que tivesse qualidade de vida na aposentadoria seria vender um apartamento que adquiriu com sacrifício e investir o dinheiro para que os rendimentos complementassem a renda que precisava. Caso contrário, não conseguiria viver sem a ajuda dos filhos.

Pense na sua realidade. Está vivendo na "corrida dos ratos"? Existe algo que mereça mais atenção, hoje, para que você não precise passar pelo que minha cliente passou? Para onde tem ido seu dinheiro? O que pode acontecer, se você não agir? Como imagina seu futuro?

É possível mudar com um planejamento financeiro! Afinal, dinheiro é solução, foi feito para trabalhar para você, e não o contrário. Dinheiro é uma ferramenta de qualidade de vida, de bem-estar, e não de preocupação.

2 KIYOSAKI, Robert. *Pai rico, pai pobre*. 2. ed. Rio de Janeiro: Alta Books, 2017.

É possível alcançar o bem-estar financeiro. Pequenos hábitos podem fazer toda a diferença, mas é preciso agir. É preciso ter um novo olhar para sua vida financeira. Com 4 estratégias que vou apresentar, será possível, de fato, fazer o dinheiro trabalhar para você, e não o contrário.

Você cuida da saúde física e mental sempre. Vai para academia, assiste a filmes, faz exames periódicos, terapias, por quê? Porque está cuidando do presente e garantindo o futuro do corpo e da mente. Investindo em você. Por que não ter esses mesmos cuidados com sua saúde financeira?

O desequilíbrio financeiro é muito sério, é como uma doença que pode apresentar vários sintomas. Por isso, tudo começa pelo **"Diagnóstico CVVP"** - Diagnóstico "**C**omo **V**ocê **V**ai das **P**ernas".

Com o **"Diagnóstico CVVP"**, você descobre o seu sintoma financeiro, e cada sintoma vai exigir um tratamento específico.

1 - Você pode sofrer de uma leve "labirintite financeira" – um mês positivo, o outro no vermelho, mas segue a vida. Guarda dinheiro quando sobra, resgata quando precisa. No geral, gasta menos do que ganha.

2 - Pode sofrer de uma "artrose nas pernas" e ficar com limitações de movimento nos membros inferiores, dificuldade de caminhar. Sempre que alguém está com dificuldade financeira, afirmamos: "Fulano está mal das pernas". O que ganha é o que gasta. Zero a zero.

3 - Em casos mais graves da doença, fica sem condições de caminhar. Sem conseguir pagar as dívidas, com restrições de crédito e risco de perder tudo o que conquistou ao longo da vida. Gastando sempre mais do que ganha.

**Primeira estratégia: diagnóstico financeiro -** Ter clareza do seu momento de vida é muito importante. Quanto antes tiver seu diagnóstico, mais rápido será o tratamento. O segredo da riqueza está em saber gastar o dinheiro.

**Segunda estratégia: consciência financeira -** Saber montar um orçamento, quanto entra e quanto sai todos os meses, acompanhar os gastos, economizar, investir, avaliar riscos financeiros, tomar decisões estratégicas e evitar dívidas.

Esse controle pode ser feito em um caderno, planilha, aplicativo, não importa, mas é necessário ter transparência. Pessoas conscientes financeiramente conseguem controlar mais seus impulsos e tomar decisões inteligentes.

**Terceira estratégia: saber aonde quer chegar -** Em um trecho do livro Alice no País das Maravilhas, Alice consulta o gato sobre qual caminho seguir. O gato pergunta: "Para onde você quer ir?". Alice responde que não sabe. Então, o gato afirma: "Se você não sabe para onde quer ir, qualquer caminho serve"[3].

Ter um planejamento pode mudar sua vida. Construir uma reserva, definir seus projetos e saber seu número para alcançar a liberdade financeira é essencial. Seguir uma rota é fundamental, mesmo que ao longo da jornada você tenha que fazer ajustes, mas o destino é sempre o mesmo.

**Quarta estratégia: disciplina e usar o tempo a seu favor -** Criar o hábito de fazer aportes mensais, mesmo que em pequenas quantias, é muito importante. Quanto antes começar, mais o tempo vai te favorecer.

**Gaste menos** do que ganha e **invista sempre** a diferença! Muito melhor fazer um "pé de meia" do que "andar mal das pernas".

Sei que você chegou até aqui com a cabeça fervendo, pensando como iniciar um planejamento financeiro e viver uma vida financeira saudável, sem dívidas. Acertei?

A boa notícia é que você pode começar agora, seguindo as estratégias que apresentei. Pode organizar suas finanças, poupar e investir sozinho. Mas será que vai fazer da forma correta?

Por isso, o auxílio de um profissional especializado é importante. Pessoas que buscam ajuda de um planejador financeiro têm resultados mais assertivos, afinal, são anos estudando e atendendo clientes com diferentes realidades e complexidades.

Entendi a importância de um planejamento financeiro da maneira mais dura possível, quando meu pai faleceu e precisei enfrentar sozinha todos os desafios que contei. Ainda bem que você não precisa passar por tudo isso, porque agora tem dois grandes aprendizados:

1) Quatro estratégias para começar a cuidar bem das suas finanças.

2) Qual tipo de profissional pode ajudar a melhorar o seu desempenho nas finanças, cuidar da sua saúde financeira e evitar dívidas.

Com análise de um especialista, tenho certeza de que vai conseguir ter clareza no orçamento, um plano para poupar mais, investir melhor, viver o presente e contribuir para futuro.

3 CARROLL, Lewis. *Alice no país das maravilhas*. 2. ed. São Paulo: Companhia das Letrinhas, 2017.

“Pessoas conscientes financeiramente conseguem controlar mais seus impulsos e tomar decisões inteligentes.

ADRIANA MAZZOCCANTE

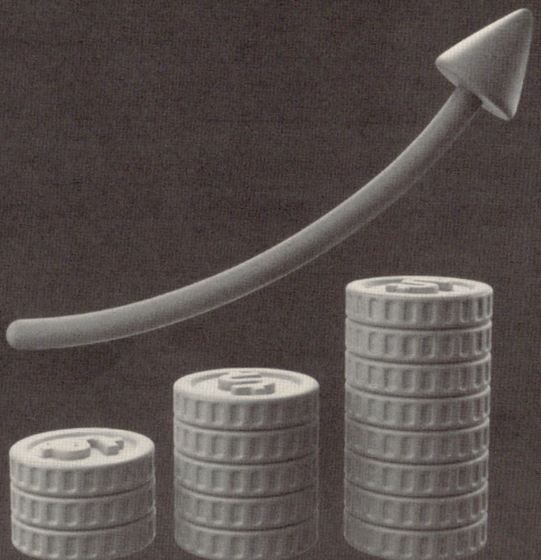

# ANA LUISA NASCIMENTO

Sou educadora financeira e minha vida mudou em 2019, quando entrei em um curso de pós-graduação na área. O que no começo era algo pessoal, tornou-se uma missão de vida, ao perceber que grande parte dos brasileiros cai em armadilhas financeiras pelo desconhecimento de questões básicas a respeito da lógica do dinheiro. Foi então que criei a TEM Educação Financeira.

Minha empresa nasceu do desejo de ajudar as pessoas a mudarem sua relação com o dinheiro, para que possam ter uma vida melhor, realizar seus sonhos por meio dos investimentos e viver com mais tranquilidade e segurança.


temeducacaofinanceira

+55 (41) 99172-6078

temeducacaofinanceira

temeducacaofinanceira

contato@temeducacao.com.br

www.temeducacao.com.br


ADEUS, DÍVIDAS

ESTRATÉGIAS PRÁTICAS PARA CUIDAR DO SEU DINHEIRO

# 2 O RELÓGIO E O COFRE: TEMPO DE VIVER SEM DÍVIDAS

POR ANA LUISA NASCIMENTO

Seis horas da manhã. Levanto, escovo os dentes, tomo banho, ponho a roupa e passo o café. Enquanto isso, Amelie mia, pede ração e carinho. Enquanto tomo café com leite, leio e vejo a agenda antes do dia começar. Costumo arrumar a bolsa na noite anterior. Assim que tomo o último gole de café, saio de casa. Tudo é cronometrado para durar 1h30 antes de mais um dia de trabalho. Como o tic-tac do relógio, isso se repete dia após dia.

Essa é a minha rotina matinal há cinco anos. Mesma rotina, mesma pessoa, mas situações financeiras completamente diferentes. Em 2019, estava quebrada financeiramente; hoje, não tenho dívidas e sou investidora. Afinal de contas, o que o meu café da manhã tem a ver com o meu bolso? Nada.

Minha rotina matinal não mudou minha situação de endividada com cartão de crédito estourado, empréstimos e conta negativa. Foi o que comecei a fazer antes e depois dela que fez a real diferença na minha vida. Entretanto, ela teve importância quando repensei minha relação com o tempo e com o dinheiro.

Eu, como muitos brasileiros, trabalho 40 horas semanais. Mas, naquele ano, comecei a me questionar sobre a relação entre meu café da manhã, meu trabalho e meu resultado financeiro. Como era possível haver três realidades tão diferentes?

Como museóloga, meu trabalho consiste em projetar e executar exposições, organizando e planejando para garantir que os eventos ocorram dentro dos seus orçamentos e nas datas previstas. E na vida financeira pessoal? Com exceção da rotina matinal, era o caos. Contas atrasadas, dívidas que se acumulavam e sonhos deixados de lado. Tudo acompanhado pelo estresse, companheiro que sentava comigo à mesa do café todas as manhãs.

Minha relação com o tempo para meu dinheiro mudou quando comecei a me questionar sobre minhas prioridades. Calculei: 8 horas por dia, 40 horas na semana, 200 horas no mês, 2.400 horas de trabalho no ano. Imagine quem faz plantões ou trabalha finais de semana! Eu trabalhava pelo menos 30% do ano para conquistar dinheiro, mas não dedicava nem 1% do tempo restante para cuidar do salário que chegava às minhas mãos.

Das 6.240 horas restantes do meu ano, quantas eu estava direcionando para cuidar dos meus recursos? Minha rotina era receber o salário no começo do mês, pagar as contas e gastar o resto que sobrava e mais um pouco usando o cartão. Não separava dinheiro para meus objetivos, não tinha orçamento mensal, não mantinha limite de gastos semanais, não controlava meu consumo no dia a dia e ainda passava o cartão como se fosse manteiga no pão. Na prática, eu torrava meu dinheiro na mesma proporção em que eu ignorava o tempo para organizá-lo.

Então me questionei: o que estou priorizando na minha vida? Se no trabalho sou capaz de seguir um orçamento e manter o compromisso com o prazo estipulado, por que na minha vida não consigo planejar sequer uma viagem sem me empanturrar de dívidas?

Foi nesse mesmo ano de 2019 que resolvi que cuidar das minhas finanças deveria ser uma rotina tão regrada quanto aquela do meu café da manhã e um compromisso tão importante quanto aquele com o meu trabalho.

Decidi criar uma rotina de cuidado financeiro, mas não sabia por onde começar. Eu estava farta das dívidas e precisava de ajuda para sair delas. Foi quando resolvi estudar educação financeira e pôr em prática o aprendizado. Comecei organizando meu tempo e passei a dedicar 1 hora da minha semana para cuidar das finanças. Decidi que aos domingos prepararia tudo que estava por vir na semana, da mesma forma que eu sempre organizei minha bolsa na noite anterior.

Seguindo a receita da educação financeira, coloquei na ponta do lápis as entradas e as contas fixas, como aluguel, mensalidades e internet. Comecei a ter uma visão do que estava caro e onde havia desperdícios e criei um calendário de pagamento dessas contas, o que me ajudou a ver os vencimentos e ajustar algumas datas. O valor que sobrava após pagar esses compromissos era justamente aquele que eu deveria dosar para não acabar antes do fim do mês. Passei, então, a analisar tudo o que gastava semanalmente, até que olhar o extrato e a fatura do cartão viraram uma rotina.

Sistematizar meus gastos me ajudou a controlar os gastos variáveis, especialmente aqueles com alimentação, transporte e saídas. Na época, fixei um limite semanal para eles, como R$ 50,00 para lanches, R$ 70,00 para saídas e R$ 250,00 para mercado. Independente da forma de pagamento, débito ou crédito, a meta era sempre gastar o valor que estipulei.

Ao analisar os gastos passados e focar o orçamento futuro, dominei melhor, no presente, o controle do meu dinheiro. Quando me dei conta, o estresse, aquele convidado indesejado, já estava de partida. Pensei: por que não comecei a fazer isto antes?

No frigir dos ovos, eu possuía uma visão mais clara da minha situação mensal e o que poderia ajustar para economizar e começar a reter parte do meu dinheiro. Foi assim que consegui determinar um valor fixo para poupar no começo de todos os meses.

Você deve estar se perguntando: mas e as dívidas, quando as fritou? Somente depois de pôr ordem na casa foi que voltei para enxugar as dívidas derramadas. Levantei as informações, analisei o tempo restante de quitação para cada uma delas e coloquei-as por ordem de prioridade. Quase engasguei quando percebi que algumas levariam quase oito anos para finalizar.

Tive de fazer escolhas difíceis, mantendo aquelas que cabiam no orçamento mensal, negociando algumas e largando outras. Senti um gosto amargo, mas engoli o medo e encarei uma por vez, lembrando o que estava aprendendo: o tempo é amigo, não inimigo, e quanto mais me dedico e priorizo o cuidado com o meu dinheiro, mais tempo ele passa comigo, me trazendo tranquilidade financeira.

Em poucos meses, minha situação já era diferente: reserva sendo formada, plano de quitação de dívidas feito, gastos fixos e variáveis sob controle, cartão reduzindo mês a mês. Minha mente virou uma chave. Descobri que a tranquilidade financeira é simplesmente uma questão de tempo e aquilo que escolho priorizar, todos os dias, na minha vida.

Cinco anos se passaram e, quando olho meu patrimônio, vejo que valeu a pena o esforço. A jornada foi dura, mas nem por isso esmoreci. E você? Está disposto a encarar de frente a realidade para ter a tranquilidade que merece?

Vou compartilhar aqui algumas das minhas reflexões importantes neste processo: por que passamos tanto tempo ignorando a organização das nossas finanças? Por que passamos mais tempo pensando em gastar do que em economizar para nossas realizações? Por que corremos atrás do dinheiro, mas não nos comprometemos com o seu cuidado?

No meu atual trabalho como educadora financeira, costumo observar três aspectos em comum com a minha história quando analiso as finanças de pessoas muito endividadas: a ausência de uma rotina de cuidados financeiros: a pessoa não assume a condução das próprias finanças; a ansiedade pelo consumo, potencializada pelo mal uso do crédito: a pessoa permanece gastando, especialmente no cartão, sem limites; e a ausência de tempo para a organização do dinheiro: a pessoa espera que um dia vai receber uma bolada e as dívidas desaparecerão num passe de mágica e sem esforço.

No livro *A tríade do tempo*[1], Christian Barbosa fala sobre o poder dos sonhos, das escolhas e da ação para a melhor administração do nosso tempo. O autor descreve a sua metodologia e explica a divisão do tempo em três esferas: importante, circunstancial e urgente. Segundo ele, a esfera "importante" refere-se às atividades que têm importância na nossa vida e trazem resultado a curto, médio e longo prazo. Já a esfera da "urgência" contém todas as atividades que causam estresse e que não podem ser previstas, ou nas quais o tempo está curto ou acabou. Já a esfera do "circunstancial", refere-se às tarefas desnecessárias, um tempo gasto de forma inútil com atividades que não levam a lugar algum, não trazem resultados e geram frustrações.

Christian explica, ainda, que o verdadeiro equilíbrio não está em ter as três esferas iguais, e sim ter a esfera do importante maior, seguida pela esfera do circunstancial menor e a da urgência muito pequena. Essa metodologia, se aplicada às nossas finanças, revela muito sobre nossas prioridades e escolhas de consumo.



---

1 BARBOSA, Christian. *A tríade do tempo*. São Paulo: Buzz, 2018.

Na minha história, antes de assumir a responsabilidade pelo meu tempo e pelo uso do meu dinheiro, eu vivia entre a esfera do urgente – só apagando incêndio tentando quitar dívidas e voltando a me endividar; e a do circunstancial – gastando com futilidades que eram mais um escape da realidade do que, de verdade, a realização dos meus sonhos.

Para reverter a situação, encarei de frente a realidade. Se você também deseja virar a chave das suas finanças e pôr ordem no seu dinheiro, sugiro que faça uma atividade que pode ser realizada em meia hora.

Pegue seu extrato do último mês ou a fatura do cartão e classifique os gastos de acordo com as três esferas. Use três canetas com cores diferentes e destaque os gastos de acordo com a esfera, como verde para os gastos importantes (luz, gás, água, aluguel, escola, academia etc.), amarelo para os circunstanciais (saídas, gastos com compras não importantes em aplicativos de comida ou roupa) e vermelho para os urgentes (contas atrasadas, pagamento de juros, multas etc.). Ao final, some os valores de cada uma das esferas e descubra como anda o equilíbrio das suas finanças. Compartilhe comigo seu resultado me marcando nas redes sociais ou enviando uma mensagem.

Estou aqui para ajudar você neste processo de se despedir de vez das suas dívidas. Garanto que você não vai sentir saudades delas.

Nunca se esqueça: o tempo é o seu bem mais precioso, use-o com sabedoria. Quem faz bom uso do tempo, prospera. O dinheiro é apenas reflexo das suas ações no tempo. Quando o saldo bancário, no fim do mês, não reflete o valor que você almeja, então está na hora de parar e se dedicar àquilo que de verdade é importante: a sua tranquilidade financeira.

**Descobri que a tranquilidade financeira é simplesmente uma questão de tempo e daquilo que escolho priorizar, todos os dias, na minha vida.**

ANA LUISA NASCIMENTO

# BEATRIZ HOLANDA

Sou Beatriz Holanda, natural de Fortaleza/CE, onde resido junto ao meu talentoso e amado marido Eduardo Holanda, com quem sou casada há cinco anos e que preenche nossa vida com muita música.

Sou planejadora financeira, advogada internacional, consultora empresarial nas áreas de finanças, processos e pessoas, consteladora familiar e alio meus conhecimentos educacionais, financeiros, empresariais, sistêmicos e jurídicos para trazer maior lucratividade a empresas e maior riqueza às pessoas.

Minhas formações estão ao seu serviço para transformar sua vida financeira, com uma abordagem única, ajudando você a encontrar a paz e a tranquilidade que o dinheiro pode proporcionar de forma abundante.


**beatrizholanda_**

**BeatrizHolanda-youtube**

**contato@beatrizholanda.com**


ADEUS,
DÍVIDAS
ESTRATÉGIAS PRÁTICAS PARA CUIDAR DO SEU DINHEIRO

# 3 ENTENDA AS RAÍZES DAS DÍVIDAS

POR BEATRIZ HOLANDA



Dívida. Essa palavra pequena carrega um peso gigantesco na vida de muitas pessoas. Ela traz à mente preocupações constantes, noites insones e um sentimento de sufocamento que parece nunca ter fim. Mas por que tantas pessoas acabam se endividando? Será que é apenas uma questão de gastar mais do que se ganha? Como planejadora financeira e consteladora familiar, convido você a mergulhar nas raízes profundas desse problema, explorando não apenas números, mas também as emoções e as dinâmicas familiares que influenciam nossas decisões financeiras.

A questão das dívidas vai além de simples cálculos matemáticos ou uso de planilhas. É uma realidade complexa em que crenças, comportamentos e padrões familiares desempenham papéis cruciais. Muitas vezes, as raízes das dívidas estão escondidas em nossas histórias de vida, nas lições que aprendemos sobre dinheiro na infância e nas influências invisíveis que recebemos de nossos antepassados. Cada decisão financeira é influenciada por um emaranhado de fatores psicológicos e emocionais, que nem sempre são óbvios à primeira vista.

As consequências de se viver endividado são devastadoras: perda de liberdade, estresse constante, impacto negativo na saúde mental e física, além de relações familiares e sociais desgastadas. A pressão de lidar com dívidas pode levar a um ciclo vicioso de ansiedade e desespero, dificultando a capacidade de tomar decisões financeiras racionais e ponderadas. Além disso, o estigma associado às dívidas pode causar sentimentos de vergonha e isolamento, exacerbando ainda mais o problema.

Entender as verdadeiras raízes das dívidas pode ser o primeiro passo para uma transformação significativa em sua vida financeira e emocional. Vamos explorar como crenças limitantes, vieses cognitivos, pressões sociais e dinâmicas familiares contribuem para o endividamento e, o mais importante, como podemos começar a reverter esse cenário. Ao longo deste capítulo, desvendaremos os fatores que alimentam as dívidas e descobriremos caminhos para construir uma relação mais saudável e equilibrada com o dinheiro.

**Olhando além dos números**

Para entender, verdadeiramente, as raízes das dívidas, precisamos olhar além dos números e das contas bancárias. É necessário explorar as complexas interações entre nossas crenças, emoções, comportamentos e dinâmicas familiares. Só então podemos começar a desenraizar os padrões que levam ao endividamento crônico e construir um futuro financeiro mais saudável e equilibrado.

Desde a infância, somos bombardeados com mensagens sobre dinheiro. Essas mensagens vêm de nossos pais, professores, amigos e da sociedade em geral. Se crescemos ouvindo frases como "dinheiro não cresce em árvore" ou "somos pobres, mas honestos", e, ainda, comportamentos que levam ao "eu mereço" como recompensa por situações difíceis, todas essas ideias podem se enraizar profundamente em nosso subconsciente. As crenças limitantes sobre dinheiro formam a base de muitos comportamentos financeiros problemáticos. Se acreditarmos que nunca teremos o suficiente, é mais provável que gastemos impulsivamente, tentando preencher um vazio emocional ou compensar sentimentos de inadequação ou frustração.

As constelações familiares revelam que essas crenças não surgem aleatoriamente. Elas são frequentemente herdadas de gerações anteriores. Nossos pais e avós, que talvez tenham vivido períodos de escassez ou crise econômica, podem ter passado adiante suas ansiedades e atitudes defensivas em relação ao dinheiro. Inconscientemente, podemos estar repetindo esses padrões, mantendo um ciclo de medo e escassez que perpetua o endividamento.

Nossas mentes não são máquinas racionais de tomar decisões; elas são influenciadas por uma série de vieses cognitivos que podem distorcer nossa percepção da realidade financeira. O viés de otimismo, por exemplo, nos faz superestimar nossa capacidade de pagar uma dívida no futuro. Isso nos leva a assumir compromissos financeiros que não podemos cumprir, com a esperança de que "de alguma forma" conseguiremos dar conta.

Outro viés importante é o desconto hiperbólico, em que preferimos recompensas imediatas em detrimento de ganhos futuros. Esta tendência nos leva a gastar agora e nos preocupar com as consequências mais tarde, frequentemente resultando no uso excessivo de crédito. O comportamento de consumo imediato é exacerbado pela pressão social e pelo marketing, que constantemente nos incentiva a gastar para sermos felizes ou bem-sucedidos.

**Controle emocional e autorregulação**

Vivemos em uma sociedade em que o consumo é incentivado em todos os aspectos de nossas vidas. As redes sociais desempenham um papel significativo, mostrando constantemente imagens de luxo, viagens e estilos de vida que parecem estar ao alcance de todos. Essa comparação constante cria uma pressão para gastar mais do que ganhamos, levando ao uso do crédito para manter um estilo de vida que não podemos realmente sustentar.

A busca por *status* e pertencimento pode nos levar a fazer compras impulsivas e desnecessárias, acumulando dívidas que se tornam difíceis de gerenciar. Quando compramos para impressionar os outros ou para nos sentirmos parte de um grupo, estamos, na verdade, respondendo a necessidades emocionais não satisfeitas. Essas necessidades podem ter raízes profundas em nossa história familiar e em nossas experiências de vida.

As emoções desempenham um papel crucial em nossas decisões financeiras. Muitas vezes, usamos o consumo como uma forma de lidar com emoções negativas, como estresse, ansiedade ou depressão. A falta de controle emocional e de habilidades de autorregulação pode nos levar a gastar mais do que podemos, resultando em um ciclo vicioso de dívida.

Situações de estresse financeiro, como a perda de emprego, despesas médicas inesperadas ou crises econômicas podem forçar as pessoas a recorrerem ao crédito como uma solução temporária. No entanto, sem um plano sólido para lidar com essas necessidades, as dívidas se acumulam rapidamente, criando uma espiral de dificuldades financeiras.

O estresse econômico também pode exacerbar problemas emocionais e relacionais, criando um ciclo em que a ansiedade financeira leva a decisões impulsivas, que por sua vez agravam a situação financeira.

Em momentos de vulnerabilidade emocional, é comum recorrer ao consumo como uma forma de conforto. No entanto, esse alívio é temporário e frequentemente leva a um aumento no estresse financeiro, perpetuando ainda mais o ciclo de endividamento e geralmente levando a um sentimento posterior de culpa e fracasso. Reconhecer e tratar essas emoções é essencial para quebrar esse padrão.

**Construindo uma relação mais saudável e equilibrada com o dinheiro**

A educação financeira é crucial para tomarmos decisões informadas e responsáveis. Infelizmente, muitas pessoas não recebem essa educação e, como resultado, não sabem como gerenciar seu dinheiro de forma eficaz. Sem uma compreensão clara de conceitos como juros compostos, orçamento e planejamento financeiro, é fácil cair em armadilhas de endividamento.

Além disso, a falta de educação financeira pode nos deixar vulneráveis a práticas predatórias de crédito, como taxas de juros exorbitantes e contratos de empréstimo complexos. Pessoas sem uma base adequada de conhecimento financeiro podem tomar decisões que parecem boas no curto prazo, mas que se tornam insustentáveis a longo prazo.

A falta de planejamento financeiro e de metas claras pode levar a uma abordagem desorganizada do gerenciamento do dinheiro. Sem um plano, é fácil gastar de forma impulsiva e acabar se endividando. Estabelecer metas financeiras realistas e desenvolver um plano de ação são passos cruciais para evitar dívidas e construir um futuro financeiro sólido. Além disso, definir metas financeiras específicas, como comprar uma casa, pagar dívidas ou acumular uma reserva financeira, pode fornecer a motivação e a disciplina necessárias para evitar gastos excessivos.

**Dinâmicas familiares e o equilíbrio entre dar e receber**

As dinâmicas familiares influenciam fortemente nosso comportamento financeiro. Se crescemos em uma família em que as dívidas eram comuns, é provável que vejamos o endividamento como algo normal, mas, na verdade, ele só é comum. A lealdade invisível aos padrões familiares pode nos levar a repetirmos os mesmos erros financeiros de nossos pais e avós, perpetuando ciclos de escassez e dificuldades financeiras.

Nas constelações familiares, entendemos que o equilíbrio entre dar e receber é fundamental para a harmonia financeira. Desequilíbrios emocionais ou relacionais no sistema familiar podem se manifestar em forma de dívidas.

As constelações familiares ajudam a revelar e curar essas dinâmicas ocultas. Ao reconhecermos e honrarmos os sacrifícios e contribuições de todos os membros da família, podemos restabelecer o equilíbrio e criar um fluxo mais saudável de recursos financeiros. Isso envolve não apenas um reconhecimento intelectual, mas também um profundo respeito e gratidão pelos esforços dos antepassados.

Integrar as técnicas e os conhecimentos do planejamento financeiro com as constelações familiares nos permite abordar as dívidas de uma perspectiva holística, ou seja, de uma forma integral, olhando todo o sistema e não só um fato isolado. Reconhecer as influências familiares e emocionais em nossas finanças é crucial para entendermos por que tomamos algumas decisões. A partir desse entendimento, podemos começar a reprogramar nossas crenças, fazer escolhas conscientes, desenvolver melhores hábitos financeiros e construir uma relação mais saudável com o dinheiro.

Ao explorar as raízes das dívidas, vemos que elas são mais do que simples desequilíbrios financeiros. Elas são sintomas de questões emocionais e sistêmicas mais profundas. Abordar essas questões com uma combinação de educação financeira e trabalho terapêutico pode nos ajudar a romper ciclos de endividamento e a construir uma base financeira sólida e próspera para o futuro.

“Desenterrar as raízes das dívidas é o primeiro passo para uma vida financeira próspera e saudável; transforme suas crenças, mude seu futuro!

BEATRIZ HOLANDA

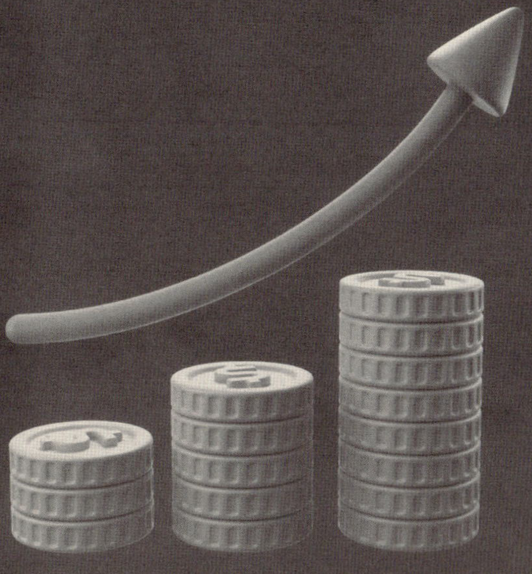

# CARLOS CASTRO

Sou Carlos Castro, fundador e CEO da plataforma de saúde financeira SuperRico. Sou planejador financeiro, certificado CFP®, engenheiro com pós-graduação em Administração e Marketing, pela FGV, e Finanças, pelo Insper. Especialista em Negócios Internacionais pelo MIT (Massachusetts Institute of Technology) e *Exponencial Thinker*, pela Singularity University. Membro do G100, grupo de estudos para discussão sobre o desenvolvimento econômico no Brasil. Contribuo nas comissões e faço trabalho *pro bono* na Planejar (Associação Brasileira de Planejamento Financeiro). Sou natural de São Paulo/SP.


**carloscastro.cfp**

**linkedin.com/in/carlos1castro**

**www.superrico.com.br**

**carlos.castro@superrico.com.br**


ADEUS,
DÍVIDAS
ESTRATÉGIAS PRÁTICAS PARA CUIDAR DO SEU DINHEIRO

# 4 DESMASCARANDO 16 MITOS SOBRE DÍVIDAS

POR CARLOS CASTRO

As dívidas são uma parte inevitável de nossa vida financeira. No entanto, há uma abundância de desinformação e mitos que cercam o tema, contribuindo para a perpetuação de equívocos e comportamentos financeiros prejudiciais para a nossa saúde financeira. Vamos desmascarar alguns dos mitos mais comuns sobre dívidas, para que possamos ter uma vida financeira mais saudável.

**Mito 1 - Toda dívida é ruim**

Embora seja verdade que dívidas mal administradas podem causar problemas financeiros, nem todas as dívidas são iguais. Existem dívidas consideradas "boas" e "ruins". Dívidas boas são aquelas que têm potencial para aumentar o valor de nosso patrimônio, como empréstimos estudantis ou financiamento imobiliário. Dívidas ruins, por outro lado, são aquelas contraídas para consumo imediato, como dívidas de cartão de crédito com altos juros. Reconhecer a diferença entre esses tipos de dívida é imperativo para lidar bem com o crédito que constrói patrimônio.

**Mito 2 - Você deve pagar suas dívidas o mais rápido possível**

Ainda que pagar dívidas rapidamente possa parecer uma boa estratégia para evitar juros acumulados, nem sempre é a melhor decisão. Em alguns casos, pode ser mais benéfico investir o dinheiro em opções que ofereçam um retorno maior do que a taxa de juros da dívida. Um exemplo é a tomada de um crédito para investir em um negócio de manufatura, que gera faturamento maior que o custo do financiamento da máquina adquirida por meio da dívida. Neste caso, o resultado financeiro do negócio paga a própria dívida.

### Mito 3 - Consolidar dívidas sempre resolve o problema

A consolidação de dívidas pode ser uma ferramenta útil para simplificar pagamentos e, em muitos casos, reduzir a taxa de juros total. Trata-se de juntar várias dívidas em uma só, através da contratação de um novo empréstimo, usado para quitar as dívidas consolidadas. No entanto, isso não resolve os problemas de hábitos financeiros inadequados. Sem um plano de mudança comportamental e controle de gastos, a consolidação pode levar a um ciclo de endividamento contínuo.

### Mito 4 - Consultar um planejador financeiro é um sinal de fraqueza

Muitas pessoas acreditam que buscar ajuda financeira é um sinal de fracasso. Na verdade, consultar um planejador financeiro pode ser uma das decisões mais inteligentes para quem está enfrentando dificuldades com dívidas. Profissionais experientes podem oferecer orientação personalizada, estratégias de pagamento e apoio para melhorar a saúde financeira a longo prazo. O papel do planejador financeiro é empoderar os indivíduos com conhecimentos e ferramentas que elevam o nível de consciência financeira.

### Mito 5 - Devemos evitar qualquer forma de empréstimo

A aversão total a empréstimos pode limitar oportunidades financeiras. Empréstimos estudantis, por exemplo, podem ser investimentos valiosos na educação e na carreira. Financiamento imobiliário pode permitir a compra de uma casa, um ativo que geralmente se valoriza ao longo do tempo. A chave é avaliar cuidadosamente a necessidade do empréstimo, as condições e a capacidade de pagamento antes de contrair qualquer dívida. Um empréstimo bem planejado e gerido pode ser um passo estratégico para alcançar objetivos financeiros e construir patrimônio.

### Mito 6 - Você nunca deve pedir empréstimos a familiares ou amigos

Pedir dinheiro emprestado a familiares ou amigos é uma prática que muitas vezes é evitada devido ao potencial de complicações nas relações pessoais. No entanto, quando feito de maneira transparente e com termos claros, pode ser uma alternativa viável e menos onerosa do que empréstimos bancários. É essencial estabelecer um acordo por escrito para proteger ambas as partes e evitar mal-entendidos futuros. A comunicação clara e aberta sobre expectativas e prazos de pagamento é fundamental para manter as relações.

**Mito 7 - Só pessoas irresponsáveis têm dívidas**

Ter dívidas não é necessariamente um sinal de irresponsabilidade. Muitas pessoas contraem dívidas devido a circunstâncias imprevistas, como despesas médicas ou perda de emprego. Além disso, usar crédito de forma estratégica pode ser uma ferramenta financeira poderosa. A gestão eficaz da dívida é muito mais um indicativo de responsabilidade financeira do que o contrário. A chave é manter um equilíbrio saudável entre dívida e capacidade de pagamento.

**Mito 8 - Uma vez endividado, sempre endividado**

O mito de que é impossível sair das dívidas é um dos mais frequentes. Com um plano estruturado, disciplina e a ajuda de um profissional financeiro, é possível pagar as dívidas e alcançar a estabilidade financeira no tempo. Programas de reestruturação de dívidas, consolidação e orçamento rigoroso são algumas das estratégias que podem ser empregadas para resolver situações de endividamento. É necessário também cuidar do emocional e do psicológico para manter a motivação e o foco durante o processo de quitação das dívidas.

**Mito 9 - É melhor evitar o uso de cartões de crédito**

É verdade que cartões de crédito podem levar ao endividamento se não forem usados com cuidado, mas evitá-los pode significar perder oportunidades de construir um histórico de crédito positivo. O uso responsável de cartões de crédito, como pagar o saldo total a cada mês e evitar compras impulsivas, pode ajudar a estabelecer e manter uma boa pontuação de crédito. Além disso, muitos cartões de crédito oferecem benefícios, como *cashback*, pontos de recompensa e proteção contra fraudes. É também uma forma mais segura de fazer pagamentos.

**Mito 10 - Dívidas pequenas não importam**

Sabe aquela compra cuja parcela cabe no bolso? Há uma tendência de subestimar o impacto das pequenas dívidas, mas elas podem acumular-se rapidamente e tornar-se um grande problema. Dívidas com parcelas menores devem ser gerenciadas com a mesma seriedade que dívidas maiores. Estabelecer um plano de pagamento para eliminar essas pequenas dívidas pode prevenir a acumulação de juros e melhorar a saúde financeira.

Lembre-se de que, segundo Benjamin Franklin, "pequenos furos podem afundar um grande navio".

**Mito 11 - Todas as dívidas devem ser pagas na mesma ordem**

Nem todas as dívidas devem ser tratadas da mesma forma. Tenha em mente que é recomendável eliminar, primeiramente, as dívidas que estão financiando o consumo, como uso do rotativo do cartão de crédito para pagar a compra do supermercado, assim como aquelas que possuem juros mais altos. No entanto, escolher pagar as dívidas menores primeiro pode gerar impulso e motivação. A escolha da estratégia deve considerar tanto os aspectos financeiros quanto psicológicos, para que tenha efetividade e gere mudança de comportamento.

**Mito 12 - Dívidas antigas não afetam o crédito**

Muitas pessoas acreditam que, após um certo período, dívidas antigas não afetam mais a pontuação de crédito. No entanto, dívidas não pagas podem permanecer nos relatórios de crédito por até sete anos. Além disso, credores podem continuar cobrando essas dívidas e elas podem impactar negativamente o crédito, se não forem resolvidas. A persistência dessas cobranças pode resultar em novos registros negativos no seu relatório de crédito. Manter um bom histórico de pagamento, ou seja, pagar as parcelas em dia, é crucial para uma boa pontuação de crédito. E, também, a baixa utilização do limite de crédito disponível desempenha um papel na manutenção de uma boa pontuação.

**Mito 13 - Pagar apenas o mínimo é suficiente**

Pagar apenas o valor mínimo devido no cartão de crédito pode ser uma solução conveniente, mas é uma armadilha que pode levar a anos de endividamento. O saldo do cartão de crédito acumula juros compostos, o que significa que a dívida pode crescer exponencialmente no chamado crédito rotativo. Para evitar essa armadilha, é preciso pagar mais do que o valor mínimo e parcelar o saldo devedor a juros menores. Isso ajudará a reduzir o principal da dívida mais rapidamente e eliminará o efeito "bola de neve" a longo prazo, ou seja, o crescimento acelerado da dívida devido aos juros compostos.

**Mito 14 - Dívidas de longo prazo são sempre desvantajosas**

Muitas pessoas acreditam que qualquer forma de dívida de longo prazo, principalmente o financiamento da casa própria, é desvantajosa. No entanto, essas dívidas podem ser investimentos estratégicos quando geridas corretamente. O financiamento imobiliário, por exemplo, permite a compra de um imóvel que pode valorizar ao longo do tempo e servir como um ativo valioso. Da mesma forma, o crédito estudantil pode ser um investimento na educação e na carreira, proporcionando retornos financeiros no futuro.

**Mito 15 - Só conquisto as coisas se tiver um boleto para pagar**

Esta crença reflete a dependência do crédito para adquirir bens e serviços. Esse mito pode levar ao endividamento excessivo e comprometer a saúde financeira. A facilidade de parcelar compras pode mascarar o acúmulo de dívidas criando uma falsa sensação de aumento de poder aquisitivo. Não há problemas em parcelar compras, desde que se adote práticas de consumo consciente, como planejar compras com antecedência, evitar gastos supérfluos e poupar regularmente.

**Mito 16 - Quem não tem dívida não tem vida**

Muitos acreditam que é necessário ter dívidas para manter um padrão de consumo e qualidade de vida. Essa mentalidade pode ser prejudicial se não houver discernimento entre dívidas boas e dívidas ruins. O planejamento financeiro é fundamental para entender essas diferenças e para adotar hábitos de consumo responsáveis.

**Conclusão**

Compreender a natureza das dívidas, as melhores práticas para gerenciá-las e buscar ajuda profissional quando necessário pode melhorar nossa saúde financeira e abrir caminho para um futuro mais seguro e próspero. A educação financeira contínua e a adoção de hábitos financeiros saudáveis são fundamentais para evitar armadilhas e construir uma vida equilibrada. Lembre-se de que dívidas boas constroem seu futuro e dívidas ruins destroem seu presente. Escolha suas dívidas com sabedoria e viva bem a vida toda.

"

**Se você usa dinheiro que não é seu (dívidas!), pode estar vivendo uma vida que não é sua. Desmascarar mitos sobre dívidas é viver em paz!**

CARLOS CASTRO

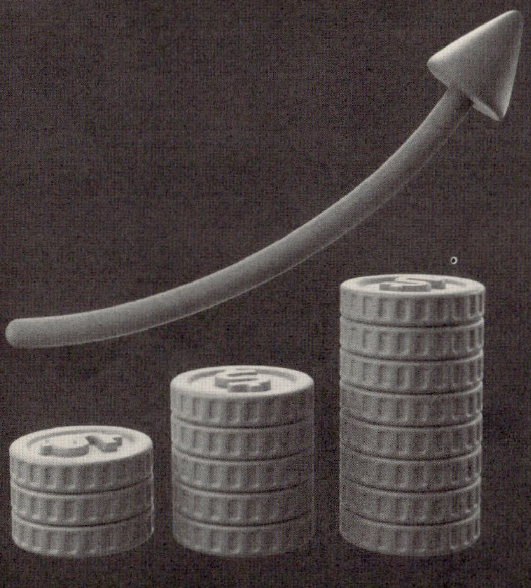

# CAROLINE PERUSSATTO

Sou Caroline Perussatto, natural de Porto Alegre/RS, casada há quase quinze anos e mãe de lindas gêmeas, nascidas em São Paulo. Formada em Gestão de Recursos Humanos, especialista certificada em Planejamento Financeiro por Gustavo Cerbasi, estudante de Gestão em Finanças e Investimentos para Organizações, pela PUC/RS, estou sempre em busca de conhecimento para me desenvolver.

Com anos de experiência em finanças pessoais, atendo famílias do Brasil inteiro que decidiram conquistar sonhos e ter mais qualidade de vida. São centenas de vidas transformadas através de consultorias personalizadas e treinamentos em grupo, comprovando que a educação financeira é fundamental para construir uma vida próspera e segura.

conquistesuariqueza

carol.conquistesuariqueza@gmail.com

# 5

# ORGANIZAÇÃO É ROTINA, CRIE O SEU PRÓPRIO RITUAL

POR CAROLINE PERUSSATTO

Quando eu era criança, morava em uma casa simples. A frente era de madeira, com pintura antiga, e os fundos, construção mais recente, deixava os tijolos à mostra. As portas e janelas, que não escondiam as marcas do tempo, presenciaram gerações crescendo ao redor. Os móveis eram antigos, cada um com uma história, mas com características que não ornavam entre si. O quintal era enorme, com árvores frutíferas, plantas e flores coloridas, onde eu adorava brincar. Passava horas recortando imagens bonitas dos panfletos e revistas e colando em uma folha de papel, montando, decorando e criando diversos ambientes, como as lindas casas das novelas.

O tempo passou, eu cresci e fui viver minhas experiências longe dali. Em outras casas, outras cidades, outro estado, mas sonhava em ter uma casa aconchegante e bonita para criar raízes algum dia. Apesar de ser um grande desejo, eu esperava pelo momento certo. Quando estivesse pronta para bancar uma compra de alto valor sem me prejudicar, pois já tinha passado pela experiência de me enrolar em dívidas, com valores muito menores do que o valor de um imóvel.

Enquanto eu esperava por um momento melhor, anos se passaram. A vida mudou, mudaram as necessidades e o sonho permanecia, esperando sua vez chegar. Já reparou como seguimos o mesmo comportamento, religiosamente? Sem perceber, muitas vezes, é o próprio comportamento que está nos afastando da vida que queremos. Estacionados, sabotando o próprio sucesso, julgamos que o erro está na economia, no governo, no vizinho... em qualquer lugar que seja fora do nosso alcance, reforçando ainda mais nosso comportamento desajustado.

Podemos perceber isso quando olhamos o saldo da conta bancária e não temos trinta reais para iniciar nossa reserva de segurança, mas quando olhamos a fatura do cartão de crédito, gastamos mais de centenas de reais em compras inúteis. Quando acontece alguma emergência e precisamos fazer empréstimos bancários, pagando juros absurdos, que talvez fossem desnecessários se tivéssemos nos organizado antes, com aqueles trinta reais todos os meses. São inúmeros exemplos de atitudes equivocadas que tomamos continuamente, sem perceber que elas estão nos levando para uma vida de privações e escassez, nos deixando cada vez mais longe da vida que desejamos.

"Quando eu tiver mais dinheiro". Ou "quando mudar para um emprego melhor". Essas frases me traziam a esperança de um futuro bom, mas, enquanto eu esperava o momento certo, não percebia que estava priorizando uma série de coisas que não tinham importância alguma, simplesmente por costume, por não ter clareza das consequências das minhas ações. E então, quando o emprego melhor apareceu e a renda aumentou, eu continuei a me comportar da mesma forma, esperando o melhor momento de agir e jogando a culpa em algum lugar que fosse bem longe do meu alcance.

Estudando sobre educação financeira, entendi que fazer o que está sob meu controle é a melhor maneira de encontrar caminhos para conquistar meus sonhos e me preparar para lidar com as situações imprevisíveis, que estão fora do meu alcance, com mais equilíbrio e segurança.

**Vamos fazer um pequeno exercício:**

Pare alguns segundos para fazer uma conta rápida: Quanto dinheiro você recebeu nos últimos cinco anos? Provavelmente, o resultado será um montante considerável. Agora tente lembrar para onde foi este dinheiro ao longo do tempo e como ele contribuiu para a vida que você tem hoje.

Saber que esta quantia chegou até você sem que você a utilizasse para conquistar seus objetivos gera uma certa frustração? Se continuar vivendo da mesma forma, sem mudar nada, você já sabe que os próximos anos serão uma cópia do que você viveu até aqui. Para ter um resultado diferente, será necessário mudar atitudes.

Sabemos que dinheiro é indispensável e buscamos meios de consegui-lo através do empenho em nossa profissão. Estudamos, nos especializamos e, como resultado, aprendemos a fazer mais dinheiro. A renda aumenta e então esbarramos na próxima etapa: como administrar a renda para garantir qualidade de vida permanente? A boa notícia é que nós temos esta resposta: a base para uma boa administração está na organização.

Organizar é ver com clareza seus desafios e suas possibilidades. É uma excelente ferramenta na gestão das finanças, pois através dela conseguimos: visualizar a situação, identificar pontos fortes e fracos, analisar possibilidades, criar uma estratégia para blindar nosso orçamento e conquistar aquilo que desejamos. Afinal, a verdadeira riqueza não está no tamanho da sua conta bancária, mas em como você utiliza o dinheiro para conquistar a vida que você quer viver. Colocar a vida em ordem, verificando se o que está incluso no seu orçamento é algo que você escolheu de forma consciente ou apenas consequência de escolhas feitas no passado, que nem fazem mais sentido atualmente. Organização não é privilégio, é processo. Precisa ser utilizada de forma correta, para trazer resultado.

Na maioria das vezes, o que chamam de organização é apenas um levantamento de dados, anotações aleatórias de gastos frequentes, que não nos dizem nada se vistos de forma isolada. Mapear os custos é, sim, uma parte da organização, mas sozinha não resolve absolutamente nada, pois é apenas uma das etapas do processo.

**Etapas da organização financeira:**

1) **Diagnóstico:** anotar entradas e saídas da sua conta para mapear renda/ /despesas e entender comportamentos.

2) **Análise:** olhar os dados coletados na primeira etapa para identificar possíveis melhorias.

3) **Plano de ação:** definir o mês seguinte de acordo com as necessidades e possibilidades.

4) **Melhorar escolhas:** criar pequenas metas para cada área da vida (moradia, saúde, lazer etc.)

5) **Estratégia:** criar um plano para eliminar os custos que não são mais necessários e direcionar esforços para os objetivos.

6) **Acompanhamento:** rever, periodicamente, o processo para garantir os resultados e ajustar a rota quando necessário.

É inviável administrar bem as finanças sem organização completa. Nenhuma etapa pode ser esquecida, pois cada uma se conecta diretamente com a próxima, como se fossem engrenagens que atuam juntas para executar sua função. Após mapear o custo de vida, você vai para a fase de análise, em que você vê o cenário como um todo, identificando as necessidades e possibilidades. É nesta etapa que consegue ver com clareza a situação e pode mensurar o tamanho do seu problema e o esforço que precisará fazer para resolvê-lo. Aqui é onde a maior parte das pessoas desiste.

Encarar a situação geralmente assusta, pois vivemos tantos anos levando as finanças de qualquer jeito que quando nos deparamos com a situação real, acumulando decisões inadequadas, a tendência é abandonar o processo.

Saiba que será inevitável manter a organização para obter uma solução eficiente. Esta ferramenta exige atualização constante, ou seja, precisa estar na sua rotina para uma vida melhor, assim como o exercício físico está para manter a saúde. Prepare-se para levar algum tempo até ajustar todas as situações. Utilize as informações que você descobriu nas etapas anteriores para criar um plano estratégico, com foco nos seus objetivos de curto, médio e longo prazo. Um bom plano leva em consideração que cada passo importa, pois escolher a direção certa é a garantia de um resultado satisfatório. Teste algumas opções, faça pequenos ajustes, observe e entenda se é possível manter o comportamento por um longo período.

Acompanhar sistematicamente é a chave para descobrir quando estiver no caminho ideal e permite alterar a rota quando a vida exigir, sem perder o que já conquistou. Assuma o controle com um olhar no futuro, mas sem perder a jornada, pois é no caminho que se constrói. E este caminho não está nos acontecimentos marcantes da vida, mas na simplicidade da rotina.

O sucesso na organização financeira é medido pela consistência. Pequenos ajustes na forma como você utiliza o dinheiro podem trazer um grande impacto em alguns meses. Nada adianta criar um plano magnífico se colocar em prática somente no primeiro mês. Tente praticar a organização com pequenos hábitos, criando seu próprio ritual.

Escolha um dia da semana, separe algum tempo na sua agenda, pegue um café e olhe para o seu extrato bancário. Identifique os gastos que foram desnecessários e como você pode fazer para evitá-los na semana seguinte. A sua recompensa será imediata, com mais dinheiro para utilizar nas coisas que você gosta. Transforme o momento de olhar para os números e pensar em dinheiro em algo prazeroso: foque nos sonhos que te esperam, na sua vida mais feliz, com mais liberdade. Na sensação de paz de quem tem o orçamento blindado contra os imprevistos. Olhe para a chance de construir sua riqueza a partir de agora.

Basta um olhar atento, aplicando a técnica que agora você já sabe, para ter um retorno maior do que você consiga calcular. Siga firme, com pequenos passos consistentes, e com a clareza de onde irão te levar.

Colocando a organização financeira em prática, eu consegui, em alguns anos, conquistar minha casa. Ela tem uma sala espaçosa, com um piano ao lado da lareira. A cozinha e a mesa de jantar são integradas ao ambiente, para que a família fique reunida, podendo conversar. Do lado de fora, uma churrasqueira com espaço para a família desfrutar do quintal. Vista para a horta e para a bananeira que plantamos, ainda pequena. Eu, finalmente, realizei meu sonho e agora que aprendi o caminho do sucesso, continuo seguindo meu ritual, usufruindo do que já conquistei, preparando-me para novas conquistas e ajustando a rota quando necessário, para viver a vida que eu escolho todos os dias.

Convido você a criar, hoje mesmo, o seu ritual de organização financeira, colocando em prática tudo o que você descobriu até aqui, deixando de viver no automático e criando possibilidades através de escolhas mais conscientes e melhores decisões. E, se precisar de ajuda, pode contar comigo, pois meu propósito é deixar o caminho mais leve para você.

“

**Um pequeno passo, com clareza, nos leva mais longe do que correr em todas as direções.**

CAROLINE PERUSSATTO

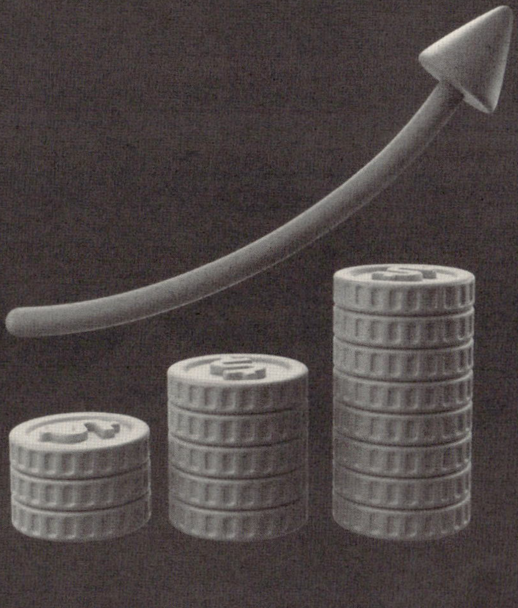

# CHRISTIANO SOUZA

Sou Christiano Souza, nasci no Guarujá/SP e moro em Foz do Iguaçu//PR com minha família: Caroline, minha companheira, nossa filha Ana Clara e oito animais domésticos.

Formado em Direito, sou advogado e sócio do escritório Schaefer e Souza, criador do projeto Falando de Dinheiro, presente nas redes sociais, e pós-graduando em Planejamento Financeiro. Palestrante, mentor individual e em grupos, impacto positivamente pessoas ao ajudá-las a cultivar uma mentalidade rica e compreender o mundo dos investimentos.

Sempre frequentei escolas públicas e, por meio da busca pelo conhecimento e evolução, alcancei o que desfruto hoje. Se eu pude alcançar, acredito firmemente que você pode trilhar o caminho de prosperidade.


**falando.chris**

**Christiano Souza**

**contato.falandodinheiro@gmail.com**


ADEUS,
DÍVIDAS
ESTRATÉGIAS PRÁTICAS PARA CUIDAR DO SEU DINHEIRO

# 6 DESCUBRA OS PADRÕES QUE TE LEVAM ÀS DÍVIDAS

POR CHRISTIANO SOUZA

Ao acordar, é provável que você inicie seu dia com a checagem das redes sociais pelo celular, verificando mensagens no WhatsApp e vídeos no Instagram ou TikTok. Em seguida, realiza suas tarefas de higiene pessoal, como escovar os dentes, tomar banho, arrumar o cabelo, e depois segue para preparar o café da manhã, enquanto assiste a algum vídeo na internet. Essa rotina, independentemente da ordem exata, revela um padrão de comportamento, isto é, um conjunto de práticas repetidas diariamente que moldam o início do seu dia.

Se adquiriu este livro, significa que você possui práticas repetitivas de comportamento que resultaram no endividamento e, por esse motivo, vive mês a mês com o saldo negativo. Mas não se preocupe, o objetivo aqui é compartilhar alguns desses padrões que levam ao endividamento e como quebrá-los para evitar a pobreza.

Antes de tudo, é preciso identificar se você está preso na teia do endividamento. Embora eu não seja um especialista em Biologia, considero interessantes as habilidades das aranhas em produzir fios de seda para construir suas teias, sendo a mais comum a "teia de captura", feita para pegar suas presas. Você já tocou em uma teia de aranha? Lembra-se da sensação dos fios grudando nas suas mãos, da substância pegajosa na pele causando a vontade instintiva de se livrar rapidamente?

Felizmente, não somos comidas para as aranhas, mas suas teias são estrategicamente posicionadas para pegar pequenos insetos, e quanto mais eles se debatem, mais presos ficam, até que se tornam alimentos. Imagine agora que a teia de aranha representa as dívidas. Conforme seus padrões de comportamento persistem, essas dívidas aumentam gradualmente. No início, pode ser apenas o atraso em algumas faturas, como ter o braço direito preso na teia. No entanto, ao persistir nesse ciclo e acumular mais dívidas, agora você prendeu o braço esquerdo, simbolizado pelo cartão de crédito estourado. A liberdade de movimento diminui conforme seus pés ficam presos automaticamente em empréstimos e juros de financiamento. Sua liberdade de movimento some à medida que se gruda mais na teia do endividamento.

Quanto mais você se debate na teia do endividamento, mais complexa se torna a situação. Você enfrenta inadimplência, nome sujo nos órgãos de proteção ao crédito, processos judiciais de cobrança, ansiedade, depressão e outras consequências. Embora essa analogia possa parecer assustadora, ela ilustra o perigo de se deixar envolver pelas dívidas e destaca a importância de tomar medidas para evitar essa situação.

Fuja da teia do endividamento; ao se deparar com ela, siga o caminho contrário, mesmo que seja mais longo, pois será o mais seguro. Para isso, é fundamental identificar e modificar padrões de comportamento que levam ao endividamento.

Gastar mais do que se ganha regularmente é um dos padrões que levam as pessoas a ficarem presas nesta teia. Uma pesquisa nacional realizada em 2023, pela Febraban, revelou que 74% dos brasileiros gastam tudo ou mais do que ganham regularmente[1]. Gustavo Cerbasi destaca em seu livro *A riqueza da vida simples* que não é a renda, mas sim o consumo, que determina se teremos dificuldades financeiras[2]. Se você se identifica com esse padrão de gastar mais do que ganha, é hora de mudar seus hábitos para mudar seus padrões de comportamento. No entanto, isso não é tão simples quanto parece.

Por exemplo, ao iniciar uma atividade física para emagrecer, como ir à academia, muitos de nós passamos por uma série de etapas. Primeiro, escolhemos a academia que mais nos agrada. Depois, investimos em um tênis de qualidade e roupas confortáveis. Por fim, definimos o dia e horário para começar os treinos. No primeiro dia, há uma explosão de animação. Estamos empolgados em emagrecer e melhorar nossa qualidade de vida. Postamos nas redes sociais a primeira foto com a famosa frase "o treino de

1 FEBRABAN. *Índice de Saúde Financeira dos Brasileiros (I-SFB) 2023*. Disponível em: https://pefmbddiag.blob.core.windows.net/cdn/downloads/A_Saude_Financeira_do_Brasileiro_2023.pdf. Acesso em: 12 jun. 2024.

2 CERBASI, Gustavo. *A riqueza da vida simples*. Rio de Janeiro: Sextante, 2019.

hoje 'tá' pago". Geralmente, nos sentimos satisfeitos por ter dado o primeiro passo, mesmo que o treino seja breve. No entanto, no dia seguinte, além do cansaço, enfrentamos dores musculares devido ao treino intenso. Essas dores fazem parte do processo de fortalecimento muscular, mas muitos desistem diante do desconforto temporário. Infelizmente, não querem pagar o preço para alcançar uma vida mais saudável.

Da mesma forma, gastar menos do que ganhamos pode gerar desconforto inicial ao abrir mão de certos luxos. Todavia, assim como na academia, com o tempo, esses sacrifícios se transformam em hábitos saudáveis que trazem benefícios a longo prazo. À medida que você continua treinando na academia, as dores musculares diminuem gradualmente, indicando que seus novos hábitos estão mudando o padrão do seu corpo. Na sua vida financeira não será diferente, os resultados logo serão visíveis: em vez de faltar dinheiro e acumular dívidas, você conquistará riquezas e saldos positivos.

Faça uma análise honesta: nos últimos doze meses, seu dinheiro foi investido ou consumido por dívidas? Se a resposta não lhe satisfaz, é hora de mudar. Seus hábitos financeiros moldam sua situação atual. Estou aqui para ajudar a identificar e superar possíveis obstáculos.

O padrão de uso irresponsável do cartão de crédito e o recurso frequente a empréstimos e financiamentos podem se tornar armadilhas financeiras perigosas, levando muitas pessoas a gastarem mais do que ganham. Com a facilidade de acesso ao crédito e às tentadoras opções de parcelamento, os cartões de crédito se transformaram em desafios significativos para a estabilidade financeira de muitos.

Imagine-se nessa situação: você se vê, constantemente, com o limite do cartão estourado, enfrentando altos juros e dificuldades para quitar as faturas. Essa realidade não é incomum, e muitos acabam presos nesse ciclo vicioso de endividamento, recorrendo a novos empréstimos para pagar dívidas antigas, o que só aumenta a bola de neve do endividamento. Para sair dessa cilada, é essencial adotar medidas práticas. Uma delas é reduzir o limite do cartão de crédito para limitar os gastos mensais e evitar compras impulsivas. Desativar notificações de promoções, preparar refeições em casa e revisar, minuciosamente, os gastos na fatura também são passos importantes.

No caso de empréstimos e financiamentos, é crucial fazer um levantamento completo das dívidas, priorizando aquelas com as maiores taxas de juros. Negociar com os credores por descontos ou melhores condições de pagamento pode aliviar a carga financeira. Além disso, é fundamental evitar contrair novas dívidas para não agravar a situação.

Lembre-se sempre de que a disciplina, a paciência e o comprometimento são fundamentais para se livrar das dívidas e alcançar estabilidade financeira. Com pequenas mudanças de hábito e padrões de comportamento é possível transformar o cartão de crédito e os empréstimos de vilões em aliados, na sua jornada da riqueza.

Outro padrão de armadilha financeira perigosa são os hábitos de consumo luxuosos, muitas vezes, influenciados pelas redes sociais, como é o caso do Instagram. A constante exposição a estilos de vida aparentemente luxuosos, marcados por produtos de marcas renomadas, viagens extravagantes e experiências de alto padrão, cria-se uma atmosfera em que o luxo é constantemente valorizado e promovido como um padrão de sucesso e felicidade.

Sendo uma poderosa ferramenta de marketing, as redes sociais amplificam esse desejo por consumo luxuoso ao promover produtos e estilos de vida associados ao luxo. As fotos e os vídeos, cuidadosamente produzidos, despertam o desejo de consumo em muitas pessoas, levando-as a gastarem mais do que ganham, recorrendo a empréstimos ou ao uso do cartão de crédito de forma descontrolada.

É importante reconhecer que nem todas as pessoas são influenciadas da mesma maneira pelas redes sociais. Muitos utilizam a plataforma de forma mais consciente, filtrando conteúdos que não contribuem para suas metas financeiras e priorizando um consumo mais alinhado com seus valores pessoais.

Essa mentalidade de consumo excessivo cria um círculo vicioso de dívidas, comprometendo seriamente o bem-estar financeiro futuro. Para evitar esse padrão, é fundamental avaliar as necessidades reais e priorizar gastos que contribuam, verdadeiramente, para a sua qualidade de vida.

Particularmente, gosto das redes sociais e sei da sua importância, mas diminuir o tempo nas redes sociais que incentivam o consumo luxuoso vai contribuir, significativamente, para a sua saúde financeira, lembrando sempre que "o que não é visto, não é desejado". Isso envolve fazer escolhas conscientes ao comprar, optando por produtos de qualidade, sem exageros em termos de preço e marca.

Portanto, concluímos que a jornada para escapar das dívidas é semelhante ao processo de crescimento muscular na academia. Assim como os músculos enfrentam dores temporárias durante o treino para se fortalecerem, enfrentamos desafios financeiros ao ajustar nossos hábitos para uma vida econômica saudável. Essas "dores de crescimento financeiro" são essenciais para a sua evolução e estabilidade futura.

A influência das redes sociais, especialmente do Instagram, nos alerta da tentação do luxo superficial. Por trás das imagens glamorosas, está o custo, muitas vezes, oculto que pode comprometer o seu futuro financeiro. É imprescindível aprender a discernir entre desejo e necessidade, priorizando investimentos reais em nossa segurança financeira.

Nunca se esqueça: cada pequena vitória na gestão das dívidas e cada avanço nos seus hábitos são passos gigantes em direção à liberdade e ao equilíbrio financeiro que você merece.

**A sua vida financeira é como um espelho, prosperidade ou endividamento é reflexo dos seus padrões de comportamentos.**

CHRISTIANO SOUZA

# DANIEL HOFMANN

Queridos leitores,
Sou o Daniel Hofmann, natural de Sapucaia do Sul/RS, resido em Canoas/RS com meu filho Francisco e atuo no mercado financeiro há mais de vinte anos.

Por 19 anos fui bancário, atuando em todas as áreas de atendimento, passando por diversas agências de Porto Alegre e em outras cidades do Rio Grande do Sul. Também fui assessor de investimentos por alguns anos.

Na minha carreira, encarei muitas histórias de pessoas que tinham muita dificuldade em lidar com as suas finanças, o que me motivou a me especializar como planejador financeiro.

Com minha formação em Direito, decidi aliar as duas áreas de conhecimento e experiência para ajudar as pessoas a cuidarem melhor do seu dinheiro.

**danielhofmanncfp**

**Daniel Hofmann, CFP®**

**dhmartins@gmail.com**

ADEUS, DÍVIDAS

ESTRATÉGIAS PRÁTICAS PARA CUIDAR DO SEU DINHEIRO

# 7 A ARTE DE NEGOCIAR DÍVIDAS COM SUPORTE LEGAL

POR DANIEL HOFMANN

Se você está chegando aqui para ler este capítulo, tenho certeza de que você está sofrendo, ou já sofreu, com um problema que faz parte da cultura do nosso país: você se endividou e não sabe como se livrar dessa situação. Mas é importante perceber que você não está sozinho. Pelo contrário, você faz parte de uma grande maioria, e esta obra vai poder te ajudar muito, em vários pontos, a enfrentar com tranquilidade essa questão.

Diversos fatores contribuem neste sentido, desde a ausência da educação financeira para a população, o incentivo ao uso de crédito com juros elevados e sem planejamento, até a concentração do sistema bancário em poucas instituições, reduzindo a concorrência. No cenário econômico atual, o endividamento é uma realidade para muitas pessoas e empresas, situação agravada por crises econômicas recentes, pandemia e desastres naturais. De acordo com um estudo da Confederação Nacional do Comércio (CNC), em 2023, o percentual de famílias endividadas no Brasil atingiu um recorde histórico superior a 70%[1]. Esse problema se agrava quando os devedores não conseguem arcar com suas obrigações financeiras, levando a consequências graves como a restrição de crédito, a perda de bens e até mesmo a falência. Segundo o Banco Central, a inadimplência no Brasil ultrapassou 5% das dívidas no mesmo ano[2]. Diante desse cenário, muitas pessoas e empresas se veem encurraladas, sem saber como sair dessa espiral de endividamento.



---

1 BRASIL, C. I. Endividamento atinge 76,6% das famílias brasileiras, mostra CNC. *Agência Brasil*. 4 dez. 2023. Disponível em: https://agenciabrasil.ebc.com.br/economia/noticia/2023-12/endividamento-atinge-766-das-familias-brasileiras-mostra-cnc. Acesso em: 12 jun. 2024.

2 BANCO Central do Brasil. *Estatísticas monetárias e de crédito*. 27 mai. 2024. Disponível em: https://www.bcb.gov.br/estatisticas/estatisticasmonetariascredito. Acesso em: 12 jun. 2024.

O principal desafio enfrentado por pessoas e empresas endividadas é encontrar uma forma de quitar suas dívidas sem comprometer totalmente suas finanças. Os juros altos praticados pelos credores, somados à pressão constante por parte destes, tornam a situação ainda mais difícil. A possibilidade de ações judiciais por parte dos credores acrescenta uma camada adicional de complexidade e estresse.

A não realização da renegociação de dívidas pode levar a uma série de consequências negativas. Financeiramente, o devedor pode ver sua dívida crescer devido aos juros e encargos aplicados, transformando uma dívida administrável em uma bola de neve impossível de controlar. Muitos consumidores acabam pagando de três a quatro vezes o valor inicial da dívida, devido aos juros. Além disso, a pressão constante dos credores pode levar a problemas emocionais e psicológicos, como estresse, ansiedade e depressão, afetando gravemente a qualidade de vida do devedor. Para as empresas, a falta de pagamento de dívidas pode resultar em perda de credibilidade no mercado, deterioração das relações comerciais e, em casos mais graves, em falência.

E, neste cenário, o apoio de um profissional que entenda como o mercado de crédito funciona e conheça as estratégias adequadas para conversar diretamente com os decisores é essencial para o sucesso da negociação.

A renegociação extrajudicial de dívidas é um processo que oferece diversas vantagens em relação a um processo pela via judicial, tanto para o devedor quanto para a instituição financeira. Talvez até mais para esta última. Primeiramente, ela é mais rápida e menos custosa. Além disso, a renegociação extrajudicial tem maior flexibilidade nas condições de pagamento, permitindo a criação de soluções personalizadas que atendem melhor às necessidades de ambos.

Mas por que acreditar que uma instituição financeira, com acesso a tantos recursos e dinheiro para cobrar a dívida em um processo judicial, vai aceitar negociar e abrir mão daquilo que ela tem direito a receber? Este é o ponto no qual o conhecimento vai fazer uma enorme diferença, especialmente por dois motivos: a avaliação da possibilidade de êxito na cobrança judicial por conta do banco e os custos do dinheiro para a instituição financeira enquanto a operação está inadimplente.

Vou explicar um pouco cada uma das vantagens que utilizamos para barganhar com os credores:

- **Efetividade da cobrança:** no mundo jurídico costuma-se dizer que ter o direito declarado em uma sentença é uma coisa, mas conseguir receber, de fato, é muito diferente e pode ser bem mais difícil. E o que isso significa, na prática? Isso quer dizer que, se o devedor não tem patrimônio em seu nome, mesmo que seja declarado o direito a receber o valor da dívida, dificilmente haverá uma forma de buscar este dinheiro – a chamada execução. E como a grande maioria das operações de crédito não tem uma garantia acostada, tampouco é comum que os devedores tenham bens que possam ser usados para quitar as dívidas, acaba não sendo vantajoso promover a cobrança via judicial, devido a todos os custos agregados e sem uma chance real de receber, o que incentiva a realização de um acordo ao invés da judicialização;

- **Custos do dinheiro de operações inadimplentes:** no mercado de crédito, o banco vende o dinheiro de quem é superavitário para quem está precisando de recursos, e cobra juros por isso. Dentro deste processo, uma parte do que foi captado deve ser reservada como uma provisão para o caso de as operações ficarem inadimplentes, e sobre esta reserva o banco não recebe os juros, por que não é emprestado. Ocorre que, quanto maior for o prazo de inadimplência, maior é essa fatia que deve ficar provisionada, pois quanto mais tempo com a parcela atrasada, maior é a chance de que a dívida nunca mais seja paga. Por exemplo, de uma operação de crédito que não tenha registros de atrasos nos pagamentos, apenas 1% deve ser provisionado. Mas basta que haja sessenta dias de atraso para que o provisionamento passe para 30% da operação. Ou seja: é muito melhor que o banco receba um valor com desconto para regularizar a inadimplência e possa liberar todo o valor captado para ser emprestado e voltar a lucrar com todo o crédito.

Para que a renegociação de dívidas seja feita de forma eficiente, é essencial contar com o suporte de um profissional com o conhecimento necessário para elaborar propostas vantajosas para o devedor, negociar com os credores de forma eficaz e proteger os direitos do devedor durante todo o processo. Além disso, um profissional especializado em planejamento financeiro pode ajudar o devedor a entender suas reais possibilidades de pagamento e a estruturar um plano financeiro sustentável para o futuro, evitando que a situação de endividamento se repita.

Um aspecto importante da renegociação extrajudicial é a comunicação constante entre o devedor e o credor. Manter um diálogo aberto e transparente é fundamental para construir uma relação de confiança e para encontrar soluções que beneficiem ambas as partes. Além disso, a renegociação extrajudicial permite que o devedor mantenha o controle sobre sua situação financeira, sem depender das decisões de um juiz, como ocorre na negociação judicial.

Outro benefício da renegociação extrajudicial é a possibilidade de preservar a relação comercial entre o devedor e o credor. Em muitos casos, as empresas que enfrentam dificuldades financeiras dependem de seus fornecedores e parceiros comerciais para continuar operando. Uma renegociação amigável pode fortalecer esses relacionamentos, permitindo que a empresa devedora mantenha seu fluxo de operações enquanto quita suas dívidas.

Para ilustrar a importância do suporte especializado na renegociação de dívidas, vou trazer o caso de uma cliente que atendi há algum tempo, servidora pública, com um excelente salário, muito próximo ao teto de vencimentos permitido para o serviço público. Aquela pessoa já estava em depressão profunda devido ao excessivo endividamento que comprometia mais do que 70% dos seus rendimentos, com parcelas de créditos pessoais e encargos financeiros, com cheque especial e cartão de crédito, em uma única instituição financeira. Infelizmente, o gerente da agência não tem autonomia para decidir sobre as negociações, além daquilo que está nas condições disponíveis para o público em geral.

Mas, sabendo que há outras instâncias com maior poder decisório e conhecendo a condição da cliente, que não tinha bens disponíveis em seu nome que pudessem ser tomados pelo banco, passamos a negociar com o setor jurídico da instituição, que, além de abater praticamente todo o juro cobrado durante mais de dois anos, ainda possibilitou o parcelamento da dívida com parcelas correspondentes a 30% da renda. Ao fim, ela voltou à normalidade da sua vida, inclusive podendo voltar a pagar a escola dos filhos, algo que a preocupava intensamente. E aí fazemos a reflexão: valeu a pena buscar ajuda para a negociação ou era melhor aceitar a primeira proposta do gerente da agência?

Fica claro que a renegociação de dívidas com a ajuda de um profissional especializado é uma alternativa segura e eficaz para resolver situações de endividamento. Ao optar pela via extrajudicial, você não só protege seus direitos, mas também aumenta suas chances de alcançar um acordo justo e sustentável. A renegociação de dívidas fora da esfera judicial é uma ferramenta poderosa para reestruturar a vida financeira e recuperar a estabilidade. É uma oportunidade de recomeço, em que a orientação especializada faz toda a diferença.

Não deixe que as dívidas tomem conta da sua vida. Procure um profissional especializado e descubra como uma negociação estratégica pode ser a chave para resolver suas dificuldades financeiras e abrir caminho para um futuro mais próspero e tranquilo.

“

**Um diálogo aberto e transparente é fundamental para construir uma relação de confiança e encontrar soluções que beneficiem ambas as partes.**

DANIEL HOFMANN

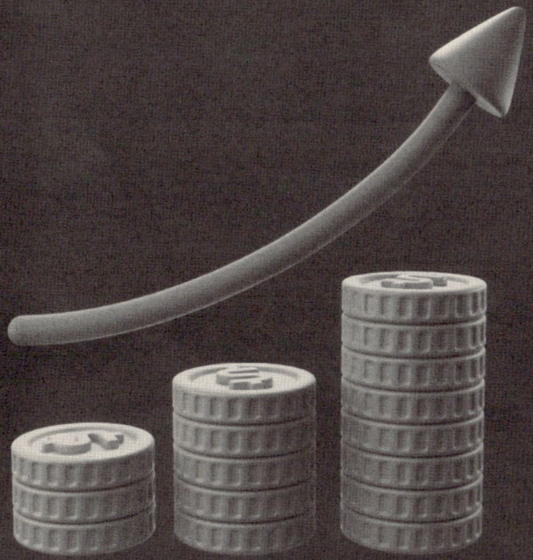

@silviafigueiredooficial

# DÉBORA MOURA

Sou Débora Moura, natural de Limoeiro/PE, mas minha terra mesmo é a pequena cidade de João Alfredo. Resido em Recife/PE com meu marido, Alexandre Clementino, com quem estou casada há dezessete anos, e com as pets Bella e Dora.

Formada em Direito, reinventei-me para me tornar educadora financeira. Hoje, sou mentora, escritora e palestrante e dedico-me a transformar vidas através da educação financeira.

Apaixonada por viagens e *networking*, lidero um grupo de mulheres empreendedoras e estou sempre em busca de aprender coisas novas. A experiência pessoal de ter superado desafios financeiros alimenta o meu propósito de ajudar outras pessoas a prosperarem.

Meu lema: "Se lasque, mas prospere!".


**deboramourax**

**+55 (81) 99917-3424**

**www.youtube.com/@amulherdodinheiro**

**suportedeboramoura@gmail.com**


ADEUS, DÍVIDAS

ESTRATÉGIAS PRÁTICAS PARA CUIDAR DO SEU DINHEIRO

# 8 O QUE PRIORIZAR NA QUITAÇÃO DAS DÍVIDAS

POR DÉBORA MOURA

Neste capítulo, vamos abordar a crucial questão da priorização das dívidas na sua jornada rumo à liberdade financeira. Você aprenderá a identificar as dívidas mais urgentes e a desenvolver uma estratégia eficaz para eliminá-las.

Mas, antes de apresentar o método, permita-me contar um pouco da minha história com as dívidas. Por muitos anos, vivi a angústia de ser uma pessoa endividada, enfrentando uma situação que parecia não ter saída. Cada decisão financeira parecia me afundar ainda mais.

Sou de família simples. Meus pais eram trabalhadores incansáveis: minha mãe vendia roupas de porta em porta e meu pai era caminhoneiro. O dinheiro era escasso. Nós, crianças, aprendemos desde cedo a viver com o básico, e nossos pais, apesar da falta de educação formal, nos deram tudo de melhor que podiam.

Aos 15 anos, contrariando a vontade dos meus pais, comecei a trabalhar. Estudei, entrei na faculdade de Direito e me tornei advogada. Posteriormente, passei em um concurso público – sonho de muitos estudantes de Direito. Contudo, apesar do sucesso aparente, não fui educada financeiramente e via o dinheiro como algo difícil de se obter e, portanto, ruim. Mesmo ganhando um salário razoável como servidora pública, não conseguia organizar minha vida financeira e, para piorar, comecei a usar empréstimos consignados de maneira desordenada, criando uma bola de neve que só crescia.

A situação chegou a ficar insustentável, afetando até mesmo o meu casamento e minha saúde mental. Foi aí que pedi ajuda a uma amiga, uma gerente de banco recém-aposentada. Mostrei meu contracheque a ela e a incredulidade em seu rosto me devastou. Aquilo foi ruim, mas também foi o empurrão que eu precisava, pois senti tanta vergonha que tomei o papel de volta e fui embora. Decidi sair daquela situação e comecei a estudar sobre finanças. Mesmo endividada, investi em cursos, fiz treinamentos gratuitos e, em dois anos, eliminei todas as minhas dívidas e comecei a investir.

Na minha jornada, desenvolvi um método já validado que é o Método PASSO, uma estratégia de cinco etapas (Planejamento, Ação, Saldar, Sustentar e Organizar) que, quando colocada em prática, vai fazer você sair das dívidas muito mais rápido.

Mas o que muita gente me pergunta é: qual dívida deve-se pagar primeiro? A que tem maior juros? A que tem mais parcelas? A de maior valor?

É muito comum escutar profissionais falarem que devemos priorizar o pagamento das dívidas com maiores taxas de juros. No entanto, eu peço vênia para, respeitosamente, discordar desse posicionamento.

Quando as taxas de juros são altas, isso significa que a instituição financeira assumiu um risco maior para lhe conceder o crédito. Do contrário, quando as taxas de juros de determinado crédito são mais baixas, na maioria dos casos, significa que o risco recaiu sobre você. Ou seja, supondo que a sua dívida seja de cartão de crédito, que tem uma alta taxa de juros, é uma dívida que não vai lhe trazer consequências imediatas graves, permitindo que você tenha um lastro temporal muito maior para quitá-la, evitando o perdimento de bens em benefício da instituição credora.

Já as dívidas com taxas de juros menores são aquelas em que geralmente é dado um bem em garantia. É o caso dos financiamentos de imóveis e veículos, em que você adquire o bem a crédito e o próprio bem é dado em garantia e, caso você atrase as parcelas do financiamento, poderá ter o contrato rescindido e a perda do bem.

Uma exceção a essa regra é o crédito consignado, que é garantido pelo desconto automático no seu salário, feito diretamente pela fonte pagadora em favor do credor que empresta o dinheiro, e, nesse caso, a juros bem mais baixos, devido ao mínimo risco de inadimplência. É por isso que na hora de decidir qual dívida pagar, primeiro priorize as dívidas que têm algum bem como garantia, ainda que a taxa de juros dessa dívida seja a menor de todas, bem como as dívidas com pensão alimentícia, que pode levar você à prisão civil, e as dívidas de condomínio, que podem levar seu imóvel a leilão.

Trocar dívidas com juros altos por dívidas com juros mais baixos pode levar você à ruína, pois vai lhe obrigar a dar seus bens como garantia, ou ainda, a se endividar com agiotas, o que pode ser muito perigoso.

Na decisão sobre qual dívida pagar primeiro, atente para essas informações e siga o método que apresentarei a partir de agora, mas é importante que você esteja disposto a pagar o preço e decida, verdadeiramente, sair das dívidas, fazendo o que for preciso para conseguir. Faça a sua parte e eu lhe asseguro de que você vai sair das dívidas e transformar a sua vida, reduzindo seu estresse e restabelecendo a sua saúde mental, com a melhora da sua qualidade de vida. Tenha em mente que você veio a esse mundo com a missão de ajudar outras pessoas e desfrutar de tudo de bom que há na terra.

**Planejamento -** Onde tudo começa. É a fase de tomada de consciência e a mais importante. Aqui será necessário listar todas as dívidas em uma planilha, incluindo o valor total, a taxa de juros, o valor das parcelas e o prazo de pagamento. Classifique-as do menor valor total para o maior e coloque no topo da lista todas as dívidas que possuem garantia, como financiamento imobiliário e de veículo. É uma etapa dura, mas crucial, pois nem sempre queremos encarar a realidade, porém, somente com a visão clara de todas as suas dívidas você pode partir para a ação.

**Ação -** É hora de agir. Comece parando de se endividar e de pagar aquelas faturas de cartões de crédito que você vem pagando apenas o valor mínimo. Eu não estou dizendo que você não vai pagar, mas essa dívida pode esperar um pouco. Após identificar quais serão as suas prioridades, você vai acionar todos os credores dessas dívidas. Negocie comprometendo o mínimo possível da sua renda mensal.

Em paralelo, abra uma conta bancária nova, preferencialmente em um banco digital que tenha uma conta remunerada com rendimentos atrelados ao CDI e liquidez diária, para que você possa acessar seu dinheiro quando necessário. Reserve uma parte de sua renda mensal nesta conta – a quantia vai depender da análise das suas despesas, mas o importante é ser consistente.

Faça uma renda extra para aumentar essa reserva. Durante a implementação do PASSO na minha realidade financeira, dei muitas aulas para fazer renda extra. Encontrar maneiras de aumentar sua renda é crucial nesta fase. Pode ser um trabalho *on-line*, venda de itens que você não usa mais, ou até mesmo trabalhos *freelancer*.

**Saldar** - Na etapa de saldar, comece a pagar as dívidas. Inicie pelas prioridades, para evitar maiores prejuízos e depois aplique a estratégia "da mais fácil para a mais difícil". Negocie cada dívida separadamente e comece pagando a que estiver mais fácil, geralmente a de menor valor.

Evite parcelamentos. Eu cheguei a fazer vários parcelamentos com o intuito de limpar o meu nome. Achava vergonhoso ter o nome "sujo", não ter crédito na praça. O que eu não sabia era que ter o nome negativado nesse momento era uma proteção contra o endividamento. A pior coisa a se fazer é um acordo que não consiga honrar e depois fazer outro acordo com mais juros, fazendo a bola de neve crescer. Pare de pagar, siga depositando o máximo possível naquela reserva para pagamento de dívidas e emergências e aguarde a melhor oportunidade de quitar a dívida totalmente.

Lembra quando eu falei acima sobre pagar o preço? O preço aqui vai ser ficar alguns meses com o nome negativado nos órgãos restritivos de crédito, receber várias ligações de cobrança por dia, e-mails etc. Mas mantenha-se firme e aguarde as boas oportunidades de negociação com os credores. É comum, depois de um tempo, as instituições oferecem grandes descontos para quitar a dívida em parcela única. Esta é a razão pela qual você está criando uma reserva – para estar preparado para essas oportunidades.

Vá eliminando as dívidas uma a uma, sempre da mais fácil de pagar para a mais difícil. Quando eu comecei a pagar os meus empréstimos consignados, sempre optava por pagar o de menor valor, ainda que a taxa de juros fosse menor, pois cada um que eu quitava era motivo de celebração e isso me dava motivo e energia para continuar.

**Sustentar** - Essa fase é sobre manter o progresso e evitar retrocessos. Agora que você já começou a pagar suas dívidas, é hora de consolidar sua posição. Uma das estratégias que usei durante minha trajetória com as dívidas, foi a portabilidade de crédito que consiste em transferir as dívidas para outras instituições que ofereçam melhores condições de pagamento.

Isso pode reduzir os juros e o valor das parcelas, tornando o pagamento mais gerenciável, mas o valor das parcelas deve diminuir sem aumentar a quantidade.

Você também pode começar a antecipar os pagamentos de empréstimos e financiamentos pagando as parcelas de trás para frente, o que gera bons descontos nos juros.

Mantenha a construção da sua reserva. Ela não só ajuda a pagar dívidas, mas também serve como um colchão financeiro para emergências. Esta prática cria hábitos financeiros saudáveis que serão essenciais para manter a sua liberdade financeira a longo prazo.

**Organizar -** A fase final é sobre organização e manutenção. Revisite todo o seu plano, recomece, se necessário, e, ao solucionar o problema das dívidas, siga para a próxima fase, que é a fase dos investimentos.

Sair das dívidas foi uma das conquistas mais libertadoras da minha vida. Cada dívida paga era uma vitória, um passo rumo à liberdade financeira. Convido você a iniciar seu processo de eliminação de dívidas hoje. Se eu consegui, você também consegue.

A jornada para sair das dívidas não é fácil, mas é extremamente recompensadora. Ao aplicar o Método PASSO, você não apenas resolverá suas pendências financeiras, mas também aprenderá a gerenciar melhor seu dinheiro, criando um futuro mais estável e próspero, para você e sua família. A chave para o sucesso é a consistência e a disciplina e, cada passo, por menor que pareça, deixa você mais perto do seu objetivo. Então, comece hoje. O futuro é construído um passo de cada vez.

"

# 'Se lasque', mas prospere!

DÉBORA MOURA

# DEISY DEMÉTRIO

Meu nome é Deisy Demétrio, sou cristã, casada há 21 anos com meu esposo amado Reginaldo Demétrio e mãe de três príncipes. Sou mentora de finanças e palestrante. Meu propósito é ensinar famílias a terem equilíbrio financeiro e, com isso, uma vida próspera cheia de realização. Através do meu trabalho, centenas de famílias já fizeram as pazes com o dinheiro.

Sou formada em Pedagogia e especialista em Gestão de Pessoas e Finanças Comportamentais, com experiência de mais de doze anos no mercado financeiro.

Superei diversas barreiras na vida financeira e já realizei muitos sonhos com a minha família, aplicando tudo o que ensino. Acredito que a vida das famílias pode ser muito melhor através da educação financeira.

deisydemetrio.financas

+55 (11) 94366-0881

ADEUS, DÍVIDAS

ESTRATÉGIAS PRÁTICAS PARA CUIDAR DO SEU DINHEIRO

# 9 O PODER DA UNIÃO FAMILIAR

POR DEISY DEMÉTRIO

Barbara e Junior se casaram muito jovens, ele com 23 anos e ela com apenas 22. Inicialmente, optaram por morar de aluguel devido às dificuldades financeiras enfrentadas no início do casamento, pois adquiriram algumas dívidas com a festa de casamento e outras com a compra de móveis e eletrodomésticos. No entanto, ambos tinham grandes aspirações de melhorar de vida e realizar o sonho de terem a casa própria.

Observando seus pais, aprenderam que cada um cuidava do seu dinheiro, o que lhes proporcionava uma sensação de independência e autonomia. Dividiam as despesas e tudo parecia bem dessa forma.

Barbara tinha o desejo de fazer uma cirurgia estética. Quando completaram dois anos de casados, ela viu uma oportunidade através de uma propaganda no celular, que oferecia parcelamento em 24 vezes. Após conversar com algumas amigas que a apoiaram, decidiu fazer a cirurgia, sem consultar Junior previamente.

Junior não contestou a cirurgia, afinal o dinheiro era dela. Passado algum tempo, ao receber um aumento, ele considerou a possibilidade de comprar o carro dos seus sonhos, deixando de depender de aplicativos de transporte. Com o incentivo de amigos, decidiu fazer a compra e surpreendeu Barbara ao chegar em casa com o veículo.

Essas decisões, juntamente com outras semelhantes que se seguiram, levaram Barbara e Junior ao limite financeiro; nada faltava, porém também não sobrava, eles viviam para pagar boleto.

Quando eles fizeram oito anos de casados, Bárbara engravidou. Foi uma grande alegria, porém, as despesas aumentaram e eles não conseguiam equilibrar o orçamento que já estava apertado. Começaram a parcelar faturas do cartão de crédito e pagar o mínimo, o que resultou em uma bola de neve de dívidas. As brigas por questões financeiras tornaram-se frequentes e cada um culpava o outro pela situação caótica em que se encontravam.

Essa história pode ser familiar para muitas pessoas, pois pesquisas mostram que é uma realidade comum entre casais. De acordo com uma pesquisa realizada pela plataforma Meu Compromisso, 36% dos casais brigam, pelo menos uma vez por semana, por questões financeiras[1].

Outro estudo, conduzido pela Confederação Nacional dos Dirigentes Lojistas (CNDL), em parceria com o Serviço de Proteção ao Crédito (SPC) e o Banco Central, revelou que 66% dos casais evitam conversar sobre dinheiro, e 21% só abordam o assunto quando a situação financeira está complicada[2].

Embora esses números sejam alarmantes, é possível reverter essa situação enfrentando a raiz do problema que é a desunião. Assim como você precisa tomar o remédio certo para uma dor que esteja sentindo, a união será o melhor remédio para salvar a família da doença das dívidas.

Como exemplo pessoal, estou casada há 21 anos, e a união financeira sempre foi um princípio fundamental em nosso relacionamento. Passamos por dificuldades, mas saímos delas mais fortes e prósperos. Compartilho, portanto, alguns passos que aplico em minha vida e ensino em minhas mentorias para mulheres e casais.

### Tratem a raiz do problema

Muitas famílias se perdem no objetivo de sair das dívidas porque focam apenas a superfície, ignorando a verdadeira causa do problema. O pensamento mais equivocado que surge é: "Se ganhássemos mais dinheiro, resolveríamos nossos problemas" ou "Um grande empréstimo resolveria tudo". No entanto, isso é um engano.

Contrariamente ao que se pensa, o cerne do problema não é o dinheiro em si, mas sim a falta de gerenciamento financeiro adequado. Aumentar a renda ou recorrer a empréstimos pode até ser uma solução temporária, mas sem alinhamento familiar e unidade, as raízes do problema permanecem intactas e a situação pode voltar com ainda mais força.

1 SANTOS, J. P. 36% dos casais brigam sobre dinheiro pelo menos uma vez por semana; como corrigir. *B3 Bora investir*. 17 abr. 2024. Disponível em: https://borainvestir.b3.com.br/objetivos-financeiros/organizar-as-contas/36-dos-casais-tem-brigas-sobre-dinheiro-pelo-menos-uma-vez-por-semana-entenda-como-corrigir/. Acesso em: 12 jun. 2024.

2 Ibidem.

No caso do nosso casal exemplo, a raiz do problema foi a falta de união.

Portanto, antes de tudo, é crucial chegar a um acordo e começar de forma diferente. Aqui estão algumas medidas a serem tomadas:

- Estabeleçam um compromisso de unidade.
- Abram uma conta conjunta.
- Conversem abertamente sobre dinheiro.

**Enfrentem a realidade**

Mais difícil do que enfrentar a dor de encarar sua realidade financeira é suportar a dor de continuar vivendo uma vida de escassez. Mudar dói, encarar a realidade dói, mas como diz uma frase comum no mundo da musculação: "Sem dor, sem ganho. Sem esforço, não haverá conquista".

Portanto, para que a família possa sair das dívidas, é crucial enfrentar o problema de frente. Uma maneira prática de fazer isso é realizando um levantamento específico para compreender a situação financeira da família. Muitas pessoas têm a ilusão de que já sabem tudo e querem pular esse processo, não faça isso.

Em meus atendimentos como mentora, já encontrei casais que gastavam até 2 mil reais por mês em cafezinhos, sem perceber. Para identificar o que está acontecendo, é necessário fazer algo simples, porém eficaz: anotar tudo o que entra e o que sai, com total transparência.

Falo em transparência porque é comum as pessoas anotarem de forma genérica, como "gastos extras" ou "diversos". No entanto, é importante nomear cada despesa: cafezinho, presentes, doações, gastos com beleza etc. Ao fazer isso, você se surpreenderá com os resultados.

Não desanime, pois você não precisa manter esse registro por muito tempo. Dentro de um mês, já será possível identificar para onde está indo o dinheiro.

**Façam um combinado**

Muitas famílias fazem o levantamento de suas despesas, mas, em seguida, ficam perdidas sobre o que fazerem com as informações obtidas. Algumas param o processo ali mesmo, enquanto outras paralisam diante do que foi descoberto, sentindo-se culpadas por sua situação.

No entanto, não é hora de parar. Fazer o diagnóstico financeiro é apenas o primeiro passo. Diante das informações coletadas, é crucial tomar decisões e fazer alguns combinados.

Um dos combinados essenciais nesse momento é o compromisso de tomarem decisões juntos. Muitos homens resistem a essa ideia baseados em um modelo antigo que considera compartilhar decisões como fraqueza. Por outro lado, muitas mulheres também resistem, pois, com a maior renda na família, sentem que abrir mão da autonomia seria retroceder.

Nenhuma dessas visões é saudável. O dinheiro mexe muito com nossas emoções e, muitas vezes, ficamos cegos diante de decisões de compra. Pedir conselhos antes de agir é sempre sábio, pois um olhar externo pode ajudar a ativar nosso lado racional.

Portanto, jamais tomem decisões sem antes conversarem e combinarem. A imagem de mulheres chegando com sacolas escondidas em casa pode ser até engraçada, mas, na verdade, prejudica as finanças familiares e afasta a família de seus verdadeiros objetivos.

Outro ponto importante para um casal próspero é ter objetivos bem alinhados. Esses objetivos precisam ser discutidos e lembrados constantemente para que a família saia das dívidas e tenha uma vida próspera.

É fundamental ter clareza sobre:

- Quais são nossos objetivos para os próximos 6 meses?
- Quais são nossos objetivos para os próximos 3 anos?
- Quais são nossos objetivos para os próximos 10 anos?

Buscar essas respostas trará muita troca e conexão para a família e ajudará vocês a permanecerem focados, resistindo às distrações. E, para alcançar esses objetivos, será necessário dar o próximo passo: o planejamento anual.

**Façam planejamento anual e não mensal**

É um grande equívoco fazer todo o processo de levantamento das despesas, definição de objetivos e colocar todas essas informações apenas no planejamento mensal. Olhar apenas para um único mês te deixa enganado, limitado e sem perspectiva.

Por exemplo, se você precisa tomar uma decisão que envolve parcelas e olha apenas para um único mês, pode cometer um grande erro. Um mês nunca é igual ao outro, existem meses mais tranquilos, mas também aqueles temidos meses com várias contas para pagar, como IPVA, IPTU, material escolar, uniforme, rematrícula, entre outros. Sem o planejamento anual, você compromete toda a sua renda e não se prepara para esses meses mais pesados.

Outro ponto negativo de olhar apenas para um mês é o desânimo em relação ao alcance dos seus objetivos. Se o seu objetivo é quitar uma dívida de 5 mil reais e você olha apenas para um mês, verá que não conseguirá. No entanto, quando olha para um ano, consegue visualizar um caminho para a quitação dessa dívida.

É crucial que esse planejamento seja feito a duas mãos e acompanhado constantemente. Além disso, é importante estabelecer limites para cada tipo de despesa dentro do planejamento. Ser financeiramente educado não significa deixar de desfrutar da vida, mas sim ter o equilíbrio para, de tudo o que se ganha, doar, gastar e investir.

Para que isso seja possível, é necessário estipular limites para cada tipo de despesa no planejamento anual, especialmente nas despesas em que há tendência a se deixar levar. É preciso definir limites para gastos com passeios, despesas pessoais e beleza, tudo com muita conversa e acordos estabelecidos.

Levando em conta tudo o que compartilhei até aqui, quero incentivá-lo a começar, hoje, a construir essa unidade com seu cônjuge e, se possível, com seus filhos. Também quero sugerir que você leia a história da viúva endividada, que está em 2 Reis 4. Além de não aceitar a situação e buscar ajuda, ela foi muito sábia ao envolver seus filhos no projeto de reconstrução das finanças.

A dívida é uma doença, mas a reconstrução interna que ocorre durante o processo de sua cura traz diversos benefícios e ensinamentos profundos para toda a família.

Portanto, não desista. Muito além dos retornos financeiros, unidos financeiramente vocês terão o poder de romper com crenças limitantes e barreiras emocionais, alcançando uma vida de prosperidade.

Agora é com você. Se você quer dar novos passos rumo a uma vida próspera, acione o QR Code e entre em contato comigo. Eu vou enviar um treinamento de presente para que você possa continuar crescendo na sua jornada rumo à liberdade financeira.

Afinal, você nasceu para ser livre e prosperar.

Assim como você precisa tomar o remédio certo para uma dor, a união será o melhor remédio para salvar a família da doença das dívidas.

DEISY DEMÉTRIO

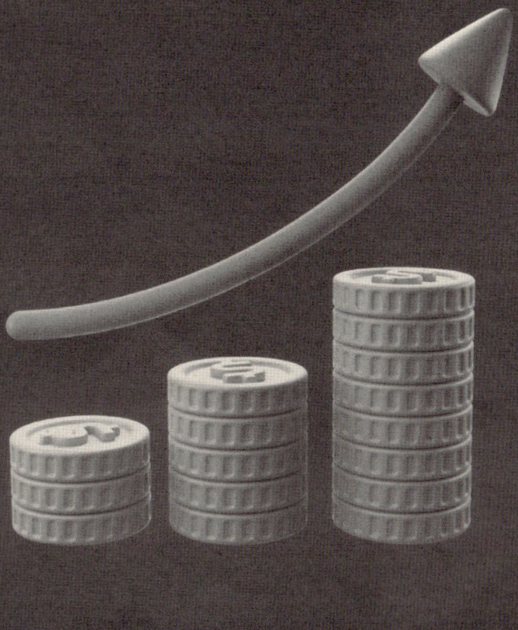

# DIEGO REGUERO MARQUES

Sou Diego Reguero Marques, natural de Pato Branco/PR. Resido em Curitiba com minha família: minha esposa Pâmela Delong, que me apoia em todos os projetos, e nossos filhos Cklypher Gustavo, Helena, Mariana e Miguel.

Sou formado em Gestão Financeira e especializado em Gestão Bancária. Fiz uma carreira de muito sucesso por dezessete anos no maior banco público do país e conheci diversas realidades, o que me motivou a fazer a transição de carreira e ajudar pessoas a construírem suas riquezas de forma personalizada.

Tenho especialização em Planejamento Financeiro e certificação CFP® e atuo como assessor de investimentos em um grande escritório de Curitiba. Também sou professor de pós-graduação, mentor e palestrante. Espero poder ajudar você.


**direguero**

**diegormarques**


ADEUS, DÍVIDAS

ESTRATÉGIAS PRÁTICAS PARA CUIDAR DO SEU DINHEIRO

# 10

# CONSTRUA RIQUEZA ATRAVÉS DOS INVESTIMENTOS

POR DIEGO REGUERO MARQUES

Quando pensamos em riqueza, a primeira imagem que vem à mente é frequentemente associada à posse de grandes bens materiais ou a uma fortuna considerável. A definição tradicional de riqueza refere-se à abundância de recursos financeiros e ativos. Contudo, para compreendermos verdadeiramente o conceito de riqueza, é fundamental ampliarmos essa definição para incluir aspectos que vão além do material.

A riqueza plena envolve o bem-estar em todas as áreas da vida. Isso inclui saúde física e mental, relacionamentos saudáveis, um trabalho gratificante, lazer e tempo livre, além de uma contribuição significativa para a sociedade. Esses elementos são essenciais para uma vida equilibrada e satisfatória e, juntos, constituem o que chamamos de riqueza verdadeira.

Apesar do desejo de alcançar a riqueza ser universal, poucas pessoas conseguem transformar esse desejo em realidade. O problema está na falta de conhecimento e disciplina financeira. Muitas pessoas enfrentam dificuldades em gerenciar seu dinheiro de forma eficaz. A tentação de consumir mais do que se ganha e a facilidade de obter crédito são armadilhas comuns que levam ao endividamento. Esse ciclo de dívidas cria um obstáculo significativo para a construção de um patrimônio sólido.

Além disso, a ausência de planejamento financeiro impede que muitos aproveitem as oportunidades que surgem ao longo da vida. Sem uma estratégia clara, as finanças pessoais ficam desorganizadas, o que leva a um estado constante de estresse e preocupação com o futuro financeiro.

O descontrole financeiro tem consequências sérias e duradouras. A incapacidade de lidar com emergências financeiras é uma das principais preocupações. Sem uma reserva de emergência, qualquer imprevisto pode causar um impacto devastador nas finanças pessoais. O estresse constante resultante das dívidas afeta não apenas a saúde mental, mas também a qualidade de vida em geral. Além disso, a falta de planejamento impede a realização de sonhos e objetivos, como a compra de uma casa, a educação dos filhos ou uma aposentadoria tranquila.

Sem um plano financeiro sólido, as pessoas ficam presas em um ciclo de sobrevivência financeira, em que mal conseguem pagar suas contas mensais, sem conseguir poupar ou investir para o futuro. Isso perpetua a insegurança financeira e impede o acúmulo de riqueza a longo prazo.

O processo de construção de riqueza é simples na teoria, mas sua execução exige foco, definição clara de objetivos, investimento e disciplina. Uma ferramenta útil para entender esse processo é a equação da riqueza, definida por Bastter:

$$Riqueza = (Ganhos - Gastos) * (Juros)^{Tempo}$$

Para começar essa jornada, o primeiro passo é a renda proveniente do trabalho ou renda ativa. Este é o dinheiro que ganhamos com nosso trabalho diário, que serve como matéria-prima para investimentos. É comum que, no início, a renda seja menor do que desejamos, o que torna fundamental resistir à tentação de contrair dívidas desnecessárias.

Para construir riqueza, é essencial respeitar o dinheiro e ter objetivos claros. É importante definir um plano escrito que detalhe o que se deseja alcançar, quando e como. Isso inclui cuidar do orçamento, diferenciando custos necessários, importantes e supérfluos, e buscando formas de alavancar a renda, como investimentos em qualificação profissional.

Um passo crucial é desenvolver um fundo de emergência, altamente líquido, com valor equivalente a seis meses de custo de vida. Após garantir essa segurança, podemos começar a adicionar complexidade à nossa carteira de investimentos, utilizando a magia dos juros compostos. Albert Einstein teria dito que "os juros compostos são a Oitava Maravilha do Mundo". Independentemente de ser o autor ou não, essa frase destaca o poder dos juros compostos para quem investe sabiamente.

Para iniciar a jornada rumo à construção de riqueza, é necessário adotar algumas práticas fundamentais:

1. **Educação financeira** - A educação financeira é a base para qualquer estratégia de construção de riqueza. Aprender conceitos como orçamento, poupança, investimentos e gestão de dívidas, é essencial. Existem muitos recursos disponíveis, incluindo livros, cursos *on-line* e seminários que podem ajudar a melhorar seu conhecimento financeiro.
2. **Orçamento** - Criar e manter um orçamento é uma prática fundamental para a gestão financeira. Um orçamento permite monitorar seus ganhos e gastos, identificando áreas em que você pode economizar. Com um orçamento bem estruturado, você pode garantir que está vivendo dentro de suas possibilidades e reservando uma parte de sua renda para poupança e investimentos.
3. **Poupança** - A poupança é crucial para a construção de um fundo de emergência e para a realização de investimentos futuros. Idealmente, você deve poupar pelo menos 20% de sua renda. Essa poupança pode ser utilizada para criar um fundo de emergência, que deve ser suficiente para cobrir pelo menos seis meses de despesas de subsistência.
4. **Gestão de dívidas** - É importante evitar dívidas desnecessárias e, se você já tiver dívidas, desenvolva um plano para pagá-las o mais rápido possível. Dívidas com altos juros, como cartões de crédito, podem rapidamente se tornar um fardo financeiro significativo.

Com uma base financeira sólida, é hora de começar a investir. Investir é a chave para aumentar seu patrimônio ao longo do tempo. Aqui estão algumas estratégias de investimento:

a) **Renda fixa** - Investimentos em renda fixa, como títulos do Tesouro, CDBs, LCIs e LCAs, são uma ótima maneira de começar. Eles oferecem retornos previsíveis e são geralmente menos arriscados do que investimentos em ações. O objetivo desses investimentos é superar a inflação e preservar o poder de compra do seu dinheiro.

b) **Ações** - Investir em ações pode proporcionar retornos significativos a longo prazo. No entanto, é importante fazer uma pesquisa cuidadosa e selecionar ações de empresas com sólidos fundamentos financeiros. Empresas que têm lucros constantes, bom retorno sobre o patrimônio líquido e que operam em setores resilientes são boas opções.

c) **Diversificação -** Diversificar seus investimentos é crucial para reduzir o risco. Uma carteira diversificada deve incluir uma combinação de ativos de renda fixa e variável. Isso ajuda a proteger seu portfólio contra a volatilidade do mercado e maximiza seus retornos a longo prazo.

d) **Fundo de emergência -** Antes de fazer investimentos mais arriscados, certifique-se de que você tem um fundo de emergência sólido. Esse fundo deve ser altamente líquido, para que você possa acessá-lo facilmente em caso de necessidade.

Uma boa carteira de investimentos deve render pelo menos o CDI, porque, no caso do Brasil, essa é a taxa de juros que embute o menor risco possível. Toda estratégia de investimentos que vise aumentar o retorno de juros embute um risco e é importantíssimo para você conhecer exatamente qual risco está assumindo para o seu patrimônio. Deve haver um equilíbrio entre risco e retorno potencial. Ajustada a performance da carteira, aí é só aproveitar essa poderosa ferramenta de construção de riqueza que são os juros compostos. Quando você reinveste seus rendimentos, os juros ganham juros, criando um efeito de bola de neve que pode aumentar significativamente seu patrimônio ao longo do tempo.

Quanto mais cedo você começar a investir, mais tempo terá para os juros compostos trabalharem a seu favor.

Para ilustrar o poder dos juros compostos, considere o seguinte exemplo: se você investir R$ 1.000,00 a uma taxa de retorno de 5% ao ano, após 10 anos, seu investimento terá crescido para R$ 1.628,89. Após 20 anos, ele terá crescido para R$ 2.653,30. Isso demonstra como o tempo é um aliado poderoso quando se trata de investimentos.

A jornada para a construção de riqueza é longa e exige perseverança. No entanto, com um planejamento adequado e disciplina para seguir esse plano, qualquer pessoa pode alcançar a independência financeira. Aqui estão algumas dicas para manter a motivação ao longo do caminho:

1. **Defina objetivos claros** - Ter objetivos financeiros claros ajuda a manter o foco. Esses objetivos podem incluir a compra de uma casa, a educação dos filhos ou a aposentadoria. Escreva seus objetivos e revise-os regularmente para se manter motivado.

2. **Celebre suas conquistas** - À medida que você atinge marcos importantes em sua jornada financeira, reserve um tempo para celebrar suas conquistas. Isso pode ser tão simples quanto sair para jantar ou comprar algo que você desejava. Celebrar suas vitórias ajuda a manter a motivação e reforça seu compromisso com seus objetivos financeiros.

3. **Mantenha-se educado** - O mercado financeiro está em constante mudança e é importante continuar aprendendo. Assista a seminários, leia livros e artigos e participe de cursos para manter seu conhecimento atualizado. Quanto mais você souber, melhores serão suas decisões de investimento.

4. **Busque apoio** - Não tenha medo de buscar ajuda de profissionais financeiros. Planejadores financeiros e assessores de investimentos podem fornecer orientação valiosa e ajudar a criar um plano financeiro personalizado. Além disso, participar de grupos ou comunidades de investidores pode oferecer suporte e inspiração.

5. **Revise e ajuste** - A vida é dinâmica, e seus planos financeiros devem refletir isso. Revise seu plano financeiro regularmente e ajuste conforme necessário. Mudanças na sua situação de vida, como casamento, nascimento de filhos ou mudanças de carreira, podem exigir ajustes no seu plano.

Construir riqueza é um caminho que requer planejamento, disciplina e perseverança. Comece, hoje, a organizar suas finanças, definir seus objetivos e investir de forma inteligente. Lembre-se de que a verdadeira riqueza vai além do dinheiro e inclui saúde, relacionamentos e bem-estar. Faça da busca pela riqueza uma jornada para uma vida plena e satisfatória.

A jornada para a independência financeira pode parecer desafiadora, mas cada passo que você dá o aproxima mais do seu objetivo. Invista em você mesmo, eduque-se e mantenha o foco.

“

**A verdadeira riqueza vai além do dinheiro. Invista em educação financeira, saúde e relacionamentos para uma vida plena e equilibrada.**

DIEGO REGUERO MARQUES

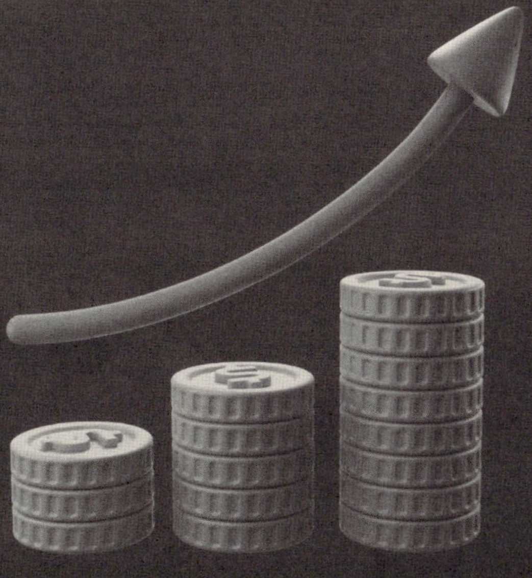

# ERICK DE SOUZA

Sou Erick de Souza, natural de Natal/RN, pai de Munay, meu filho *pet*, e casado com minha deslumbrante esposa Priscila.

Engenheiro de formação, sócio da SC&CS Consultoria Financeira Pessoal, planejador financeiro da Grão Planejamento, especialista em mercado financeiro e ativos de investimentos.

Comecei a estudar finanças enquanto cursava a faculdade, para conseguir sair da poupança e aprender a investir, mas ouvia muitas negativas de "entendedores" do assunto.

Hoje, ajudo pessoas a realizarem sonhos e projetos de forma organizada. Percebo que ajudar e aconselhar pessoas sempre foi minha vocação e motivação, tornando-se meu propósito, pois **o trabalho que realizo não é sobre dinheiro, e sim sobre liberdade**.

**+55 (71) 99600-1956**

**ericksouza**

**sc.cscontato@outlook.com**

**erick.souza@graoplanejamento.com.br**

ADEUS, DÍVIDAS

ESTRATÉGIAS PRÁTICAS PARA CUIDAR DO SEU DINHEIRO

# 11 PLANEJAMENTO FINANCEIRO: TENHA UM PLANO DE AÇÃO

POR ERICK DE SOUZA



## Foque na realização

**A cada 10 pessoas que você conhece, possivelmente 8 estão endividadas, com um endividamento ruim.** É alarmante. Esses são dados de abril de 2024 da Pesquisa de Endividamento e Inadimplência do Consumidor (Peic), realizada mensalmente pela Confederação Nacional do Comércio de Bens, Serviços e Turismo[1]. Já uma pesquisa realizada pelo Banco Central do Brasil indicou que a falta de planejamento financeiro é uma das principais causas para o endividamento[2]. Trago esses dados pois realmente me preocupa essa situação.

Ressalto que não há nenhum problema em se adquirir um empréstimo ou crédito, existem estratégias para isso. O erro ocorre quando ou é feito de maneira desorganizada ou quando o crédito adquirido não é adequado, vide um cheque especial ou o juro rotativo do cartão.

E como você está? Como se encontra nesse meio? Caso não tenha dívidas, parabenizo você, pois é uma exceção em meio a todo esse mar de gente no vermelho. Porém, caso não seja a sua situação, quero lhe trazer uma importante reflexão em cada linha a seguir:

**1°** - Vamos imaginar que você não tenha mais nenhuma dívida.

**2°** - O que sentiu? Quais foram as sensações?

**3°** - Sinta mais um pouco.

**4°** - Excelentes sensações, não acha?

---

1 PEIC: Endividamento aumenta entre as famílias em março. *CNC*. 4 abr. 2024. Disponível em: https://portaldocomercio.org.br/economia/peic-endividamento-aumenta-entre-as-familias-em-marco/. Acesso em: 12 jun. 2024.

2 EVITE as principais causas do endividamento. *SERVICOOP*. 21 ago. 2017. Disponível em: https://servicoop.com.br/evite-as-principais-causas-do-endividamento/. Acesso em: 12 jun. 2024.

**5° -** Nunca se esqueça desses sentimentos.

Agora, vamos nos aprofundar.

Apesar das dívidas existirem, todos nós desejamos realizar nossos sonhos e/ou nossos projetos. São as nossas realizações. Acredito que não seja diferente com você.

Viajar com mais frequência, comprar ou trocar de carro, sair do aluguel ou se organizar financeiramente são alguns dos objetivos que mais escuto em minhas conversas com os meus clientes. A realização é sua, almeje o mais alto que desejar. Dito isso, pergunto: Quais são os seus sonhos? Seus projetos?

**6° -** Continue imaginando que você não tem dívidas.

**7° -** O que gostaria de realizar?

**8° -** Pense nas maiores realizações para você. Como disse, elas são suas e são importantes para você.

**9° -** Pense nos detalhes: clima, se for viagem; direção, se for carro; conforto, se for sua casa; como seria sua rotina fazendo aquele MBA ou graduação. Quanto mais detalhes, melhor.

**10° -** Fique com eles em mente.

De fato, a maioria das pessoas acaba postergando suas realizações ou o fazem sem uma total tranquilidade e planejamento que é exigido, sem falar quando chegam a desistir. **Esse é o problema de se estar endividado. É um limitante para a realização dos sonhos e projetos**, além de abalar a autoestima, trazendo infelicidade para quem está nessas condições e sem expectativa de melhora. Nas próximas linhas, detalho um plano de ação capaz de direcionar você a sair dessa rotina e conseguir realizar seus objetivos. Esse plano é para toda pessoa que possua uma ou várias dívidas.

**Plano de ação**

**1 - Estruturação**

A primeira parte deste capítulo é uma recordação e um incentivo de todas as coisas que você gostaria de realizar e não tem conseguido por estar endividado.

Nessa parte, entraremos na resolução do problema, por mais difícil que a situação possa parecer, **todo endividamento pode ser resolvido**, porém, exigirá paciência, controle e dedicação por parte do indivíduo.

O primeiro passo para solucionar um endividamento é compreender – se não souber – os motivos que o levaram a tal ponto, listar todas as dívidas, valores totais, quais as taxas estão sendo cobradas e se elas estão vencidas ou não.

Feita a lista, se faz importante analisar o seu patrimônio e como estão divididos os seus bens, caso possua. Atendi a um casal com dívidas consideradas, mas que possuíam dois carros, sendo um financiado, por pura comodidade e ego, pois não queriam reduzir seu padrão de vida. Depois que entenderam a situação, venderam o carro financiado e, além de ficarem com uma quantia em mãos, gerando um fôlego financeiro para atacar algumas outras dívidas existentes, deixaram de pagar a parcela do financiamento, trazendo mais folga para o bolso do casal.

Investimentos também entram aqui, sendo necessário uma análise para verificar se manter um ativo é vantajoso nesse caso, não sendo uma decisão isolada.

Sabendo exatamente o tamanho das dívidas e a composição do patrimônio, é necessário **adequar o seu orçamento**, levando em conta os custos fixos (moradia, alimentação e transporte) e as variáveis (assinaturas, lazer, restaurantes). Nessa etapa, é importante ocorrer uma adequação nos custos em relação à receita recebida, pois partiremos dessa economia para pagar as dívidas. Normalmente, é possível ter a redução em alguns itens, veja se é o seu caso. Verifique pontos que podem ser reduzidos ou até eliminados. A disposição em fazer sacrifícios irá ser recompensada mais à frente.

**2 - Ataque**

Após organizar a lista das dívidas, o patrimônio e o orçamento, partiremos para o ataque. Primeiramente, **analise e identifique** na sua lista de dívidas quais possuem as taxas de juros mais altas. Priorize-as para pagamento. Veja se o dinheiro da adequação de custos, feito no orçamento, supre esse pagamento. Pagar essas dívidas economizará dinheiro a longo prazo.

Outro ponto que atacaremos é a **renegociação das dívidas** com os credores, caso seja necessário. O que é mais fácil: pagar uma dívida de R$ 2.000,00 à vista ou em 10 vezes de R$ 200,00? Então, não tenha medo de entrar em contato com seus credores para negociar melhores condições de pagamento. Esse movimento é muito importante, psicologicamente, para uma pessoa.

**3 - Defesa**

Estruturado os pontos para eliminação das dívidas existentes, se faz necessário meios para **evitar que o ciclo se repita**. Nessa etapa, avançaremos um pouco mais em um planejamento financeiro.

Parece óbvio, porém são extremamente altas as chances de se contrair novas dívidas a partir do momento que se percebe uma folga ou uma organização no orçamento, sem falar em algum evento inesperado que possa aparecer. Sempre que possível, evite contrair novas dívidas. O ajuste realizado no seu estilo de vida para a adequação do orçamento deve ser mantido, não somente para quitar as dívidas, mas para que você possa começar a evoluir financeiramente. Então, priorize suas necessidades sobre desejos momentâneos.

A melhora da renda pode ser considerada uma defesa e um facilitador para a eliminação das dívidas existentes, antecipando o tempo necessário dos pagamentos, porém, é muito importante que a estrutura visando a eliminação das dívidas esteja construída, senão poderá acarretar em um aumento da dívida, uma vez que a pessoa acredita que a situação atual não é mais um problema por possuir um novo "padrão de vida", um erro clássico.

Um excelente meio de evitar retornar as dívidas no futuro é por meio da **formação de uma reserva de emergência**; ela pode ajudá-lo a lidar com despesas inesperadas, sem que precise recorrer a empréstimos.

Uma vez um casal me procurou, pois estava cansado de viver endividado. Ganhava muito acima da média brasileira e, mesmo assim, entrou no cheque especial por causa de R$ 500,00, que virou uma bola de neve e, ao negociar, a dívida fechou em R$ 18.000,00.

Assustador, não? Com o acompanhamento e com o passar dos meses, o orçamento foi estruturado, a dívida foi paga e a formação da reserva de emergência foi sendo construída. O mais importante foi que tiveram momentos em que uma nova dívida poderia ter sido contraída se não existisse uma parte da reserva de emergência, iniciando todo o ciclo novamente.

Em resumo, a partir do momento que você tiver condições de guardar algum valor para emergências, guarde; esse dinheiro não o deixará mais rico, mas é um hábito saudável que irá permitir que você durma mais tranquilo à noite. Para esse caso, considero que o valor guardado deve ser de pelo menos 6 meses dos custos que você possua; importante que tenha liquidez diária e renda 100% do CDI.

### Dívidas nunca mais

Existe uma realização que evitaria 100% dos casos de endividamento e que deveria ser nosso primeiro e maior objetivo pessoal. Porém a negligenciamos, mesmo que ela possa agir como facilitador para todos os outros objetivos que almejamos ao longo da vida: a **independência financeira**. Aprender sobre finanças pessoais é fundamental para manter uma vida financeira saudável. No Brasil, não temos a cultura da educação financeira e poucas pessoas se interessam pelo tema, mesmo que todos desejem realizar seus projetos.

Já se perguntou como seria sua vida sem dívidas? Imagine ter controle total sobre suas finanças, realizando seus sonhos e projetos com segurança e tranquilidade. O endividamento é uma realidade para muitos, mas não precisa ser uma sentença permanente. Com o apoio e orientação certos, você pode se libertar das dívidas e construir uma vida financeira sólida. Esse é exatamente o meu trabalho, estudar, orientar e acompanhá-lo durante o processo de eliminação das suas dívidas.

Estou aqui para ajudar, como profissional especializado em finanças pessoais, oferecer um plano de ação personalizado para eliminar suas dívidas, organizar seu orçamento e criar estratégias para alcançar suas realizações financeiras. Ao trabalharmos juntos, você terá acesso a:

- identificação precisa das suas dívidas e priorização dos pagamentos;
- ajuste inteligente do seu orçamento para gerar economias e sobras de renda;
- análise e estratégia com credores para redução de juros e melhores condições de pagamento;
- estruturação do seu patrimônio para otimização financeira;
- elaboração de uma reserva de emergência sólida para proteger suas finanças no futuro;
- acompanhamento e suporte contínuo para alcançar seus objetivos financeiros de forma eficaz.

Não espere mais para transformar sua vida financeira. Dê o primeiro passo rumo à liberdade financeira e à realização dos seus sonhos. **Juntos, podemos fazer acontecer!**

Lembre-se, caro leitor: o caminho para se livrar das dívidas pode ser desafiador, mas também, gratificante. Cada passo em direção à liberdade financeira é um passo na direção de um futuro mais próspero e tranquilo.

**Conte comigo!**

“

**No fim, não é sobre o dinheiro, e sim sobre liberdade e realizações.**

ERICK DE SOUZA

# ESDRAS LINS

Sou Esdras Lins, pós-graduado em Gestão de Investimento e especialista em Fundos Imobiliários. Produzo conteúdos e treinamentos como mentorias de finanças pessoais e empresariais.

Ao longo da minha jornada, ajudei muitas pessoas a alavancarem seus rendimentos e, com isso, pude desenvolver uma metodologia eficaz e lucrativa. Criei o Fazer Dinheiro Dormindo, Método FDD, para ajudar pessoas comuns a atingirem grandes resultados, porque eu sei que é possível.

Então, se você não apenas quer sair de suas dívidas, mas também adentrar no mundo dos investimentos, fazer seu dinheiro trabalhar para você e realizar seus sonhos, leia este capítulo com atenção e revisite-o quantas vezes for necessário. Garanto-lhe que será um divisor de águas na sua vida. Boa leitura!

financasesdraslins

# 12 INVESTIMENTOS PARA UMA BASE FINANCEIRA SÓLIDA

POR ESDRAS LINS

Antes de começarmos a entender como os investimentos vão servir para construir sua base financeira sólida, convido você para uma viagem no tempo, para o ano de 2018. Neste fatídico ano, fui selecionado para compor a Equipe de Segurança do Embaixador do Brasil no Haiti, que privilégio! Fazia parte da Tropa de Elite da Marinha, o Corpo de Fuzileiros Navais. Até este momento, minha rotina era trabalhar para trocar a hora da vida por remuneração; e, então, trocava esse salário por itens e por objetos, muitos dos quais nem precisava, verdadeiramente. Vivia na chamada "corrida dos ratos": trabalhava, ganhava dinheiro, pagava as contas e ficava sem dinheiro. Vida semelhante a de muitos trabalhadores brasileiros.

Em dezembro de 2018, embarcava no Aeroporto Galeão, no Rio de Janeiro. Eu, um jovem de 26 anos, com a mala cheia de roupas e de sonhos, que nunca imaginou o diferencial que essa missão seria em sua vida, não só pela experiência pessoal de ir a um país tão carente, mas também porque encontraria a oportunidade de mudar o rumo de sua história para sempre. Foi neste momento, então, que começou a minha caminhada na educação financeira, a qual me trouxe até aqui, a ponto de escrever um livro e poder compartilhar, por meio das minhas experiências, o caminho que vai não somente tirar você das dívidas, mas também mostrar a trajetória para fazer seu dinheiro trabalhar para você.

Chegando na missão, comecei a me relacionar com pessoas que falavam sobre prosperidade, investimentos, gerar renda, viver bem, viajar, produzir, crescer, multiplicar. Até aquele momento, meu sonho era que o salário chegasse até o último dia do mês. Não queria que sobrasse mês no meu salário, e sim, salário no meu mês. Destacando esse momento da história, já podemos observar uma lição importantíssima da vida: "o meio lhe não faz, mas lhe influencia muito". Selecione bem as pessoas que vão influenciar você. Há um senso comum que diz que somos a média de cinco pessoas que nos rodeiam.

Durante toda minha vida, até aquele momento, não tive muita preocupação com a chamada perda monetária. "Inflação? O que é isso? Quem tem que se preocupar com o poder de compra são os ricos; os pobres nunca têm dinheiro para nada!", pensava eu. Pobre ingênuo, preso nas minhas crenças limitantes.

Para o juvenil que estava deixando a família no Brasil e indo para o exterior servir à pátria, investir era só para rico e a bolsa de valores era cassino. E você, caro leitor, se ainda pensa assim, eu lhe entendo, porque realmente temos pouco incentivo do Estado para guardar dinheiro e investir. Pense agora, por 1 minuto: quantas vezes, na vida, você teve uma palestra de educação financeira? Quantas vezes as mídias indicaram um livro de finanças durante um telejornal ou durante um programa da tarde? O estado não está, de fato, preocupado em proporcionar conhecimento financeiro para a população.

Pois bem, quando os salários foram caindo na minha conta, comecei a procurar um jeito de preservar esses rendimentos, me conscientizei da necessidade de sair da corrida dos ratos e entendi que isso era uma necessidade imediata, porém, esbarrei em dois grandes obstáculos: a falta de conhecimento e o medo de investir.

Por mais que esses obstáculos me impedissem de dar um passo à frente, eu sabia que a poupança não me levaria a lugar nenhum, devido ao baixo retorno sobre o capital investido. Diante disso, decidi procurar conteúdo na internet sobre educação financeira e investimentos, ainda que com desconfiança dos "youtubers" e "blogueirinhos". Comecei a me debruçar sobre os assuntos relacionados à área, precisava mudar de vida. Entre os 25 livros que li sobre aplicações, naquele ano, lembro-me de ter tido contato com uma frase de Augusto Cury que ajudou a mudar a minha percepção sobre a vida e sobre investimentos: "Quem vence sem risco, triunfa sem glória... Não tenha medo da vida, não tenha medo de vivê-la"[1].

1 CURY, Augusto. *Sucesso*: quem vence sem riscos triunfa. Rio de Janeiro: Sextante, 2017.

Ter medo é muito importante, uma vez que ele lhe protege de muitas coisas, mas, de fato, se quisermos viver coisas surpreendentes, temos de vencê-lo. Nessa perspectiva, para investir seu dinheiro e fazê-lo trabalhar a seu favor, a fim de viver uma vida financeira saudável, você deverá assumir algumas posturas.

**Pagar-se primeiro**

É fundamental criar o hábito de se pagar primeiro. 90% ou mais das nossas atitudes diárias são provenientes dos hábitos. Mas se tudo, ou quase tudo, é por hábito, por que será que não nos pagamos primeiro? A resposta está justamente no fato de que você não criou essa rotina em sua vida, não foi programado, por meio da educação dos seus pais, do meio em que foi criado, a se pagar primeiro. Meu conselho é você começar a fazer isso **agora**! No próximo mês, separe pelo menos 10% do seu rendimento e coloque em uma conta à parte. Esse dinheiro vai ser seu, seu pagamento. É onde você vai tirar sua reserva de emergência e o dinheiro que vai investir para seu futuro, para a construção da sua riqueza.

**Entender a importância da reserva de emergência e construí-la**

Em relação à reserva de emergência, vou fazer uma analogia com um fato que aconteceu com o "famigerado" Alexandre, o Grande. Antes de conquistar toda a Ásia, ele teve que destruir as bases navais em Alexandria, no Egito, para evitar que o inimigo o atacasse enquanto estava progredindo em sua ofensiva, protegendo assim a sua retaguarda. O que quero explicar com essa história é que para você progredir em seus investimentos, deverá proteger sua retaguarda, ou seja, deverá construir sua reserva de emergência.

Há diversas teorias voltadas para orientar as pessoas onde colocar essa reserva. Independentemente de onde você venha colocar, precisará se atentar para que sejam observados alguns critérios, como liquidez, rentabilidade e segurança. O primeiro se refere à capacidade de conversão de um bem em dinheiro, ou seja, é a rapidez com a qual você consegue se desfazer de algo que possui para receber dinheiro em mãos. Por exemplo, um imóvel físico não se transforma em dinheiro de um dia para o outro. O segundo tem a ver com o percentual de ganho a partir do valor que foi investido. É muito importante que o local que você coloque sua reserva de emergência traga rendimento, no mínimo, acima da inflação. A poupança, por exemplo, é um caso em que, muitas vezes, o valor investido não rende mais que a inflação, ou seja, não é indicado deixar o dinheiro lá. O terceiro, como o próprio nome diz, tem que proporcionar segurança; para isso, você precisará selecionar com muito cuidado a instituição financeira, avaliando sua reputação e observando seus indicativos de saúde financeira.

Outra dúvida que sempre surge em relação a esta construção, é a porcentagem do patrimônio recomendada para separar para este fim. Sempre sugiro, em minhas mentorias, a porcentagem que o indivíduo se sinta confortável. Inicialmente, eu separava o valor do item mais caro da minha casa, depois comecei a construir uma reserva mais robusta, para servir não só para emergência, mas também para oportunidade, seja para comprar ativos tangíveis ou intangíveis.

**Diversificar seus investimentos**

Você provavelmente já deve ter ouvido a frase "não ponha todos os ovos na mesma cesta". Diversificar seus investimentos segue este mesmo princípio. Eu, constantemente, aconselho os meus mentorados a diversificarem seus ativos, uma vez que, caso algum deles sofra uma perda considerável, como alteração no momento econômico do país, isso não venha a prejudicar sua carteira de ativos. Muitos me perguntam qual seria a porcentagem ideal para cada ativo e acredito que diversificar entre 10 e 15% para cada investimento é bastante recomendável. Os de 15%, para ativos que te proporcionem mais segurança e rentabilidade, mas, principalmente, segurança; e os de 10%, para aqueles que talvez não tragam tanta segurança, mas que tenham um potencial de crescimento substancial.

Pagar-se primeiro, entender a importância da reserva de emergência e diversificar seus investimentos são os componentes para se ter uma base sólida financeira. Os investimentos devem ser diversificados porque quanto mais distribuído for, mais segurança você terá. Vamos para um exemplo prático: imagine que você tenha um investimento em imóvel físico. Caso você só tenha um patrimônio, ou seja, um ativo que gere renda, e na rua desse apartamento a criminalidade tomou conta, desvalorizando-o e fazendo que as pessoas não queiram mais alugá-lo, como vai ficar sua renda se essa era sua única fonte?

Para se criar uma base financeira sólida, diversificar seus investimentos é fundamental, principalmente no mercado financeiro. Os Fundos de Investimento Imobiliários (FII) se destacam por serem investimentos que proporcionam liquidez, diversificação, rentabilidade e, por consequência, segurança. Quando um investidor compra uma cota de FII, tem a oportunidade de se expor ao mercado imobiliário sem comprar um imóvel físico diretamente. Essa classe de ativo funciona como um "condomínio de investidor", no qual os cotistas são proprietários de diversos empreendimentos distribuídos pelo Brasil.

Os FII são divididos em diversos segmentos, como os chamados de tijolo, que abrangem os shoppings, os escritórios, os galpões logísticos, entre outros; os de papéis, que são os que investem em títulos sobre o mercado imobiliário, como CRIs e LCIs, por exemplo. Costumam ter os rendimentos de suas aplicações atreladas a um índice como IPCA ou CDI e os considerados de desenvolvimentos, os quais investem na construção de um imóvel para vender ou alugar posteriormente.

Você poderá ter um futuro em que não tenha perda do seu poder de compra e seu dinheiro trabalhe para você. Deverá, então, investir em ativos que geram rendimentos constantes, acima da inflação e seguros. Para isso, coloco-me à disposição, a fim de orientá-lo no melhor caminho para a construção da sua riqueza. Basta me procurar na rede social indicada no início deste capítulo. Deus abençoe você e toda sua família.

"

O investidor de sucesso é aquele que não deixou o medo superar a vontade de vencer!

ESDRAS LINS

# FABÍOLA BERNARDES

Meu nome é Fabíola Bernardes, nasci em São Paulo/SP, sou casada com Raimundo Bernardes e mãe de Giulia, Felipe e Millie.

Mentora financeira pessoal pela Academia Gfai, *coaching* financeira pelo IRM, pós-graduada em Gestão de Pessoas, Carreiras, Liderança e Coaching, pela PUC-RS; palestrante e especialista em Milhas e Viagens.

Apaixonada por comportamento humano, finanças e viagens, levo a conscientização financeira para as pessoas e suas famílias, para que cuidem do dinheiro de maneira leve e estratégica. Mentoreei mais de oitenta pessoas, com diversos desafios e comprovei que com metodologia e perseverança, mudamos nossa rota.

Sinto-me realizada por acolher as pessoas e contribuir na realização de sonhos com qualidade de vida.

**fabiolasbernardes**

**fabiolabernardesmentorafinanceirapessoal**

ADEUS, DÍVIDAS

ESTRATÉGIAS PRÁTICAS PARA CUIDAR DO SEU DINHEIRO

# 13 COMO AS DÍVIDAS AFETAM A SAÚDE DO CORPO E DA MENTE

POR FABÍOLA BERNARDES



Preocupação constante, vergonha, angústia, perda de sono, excesso ou perda do apetite. Acredite. Eu sei exatamente o que é se sentir assim.

**O começo**

Nasci em uma família bem estruturada, com pais amorosos, acolhedores e presentes. Somos três filhas e, apesar de não termos tido grandes luxos e mimos materiais, nunca nos faltou o básico, e posso dizer que tivemos uma vida confortável e feliz de uma família de classe média baixa.

Estudamos em escolas públicas até o Ensino Fundamental. Passeávamos aos domingos em parques públicos, meus pais levavam o nosso lanche para o piquenique, fazíamos "bate e volta" em Santos uma ou duas vezes ao ano e podíamos desfrutar de ir ao Rio de Janeiro uma vez ao ano, dentro do nosso fusquinha branco.

E assim crescemos. Cada uma de nós seguiu sua vida e logo no Ensino Médio arrumei meu primeiro emprego como estagiária e então recebi meu primeiro salário. Nós nunca tivemos mesada ou qualquer tipo de educação financeira, portanto, não sabia como lidar com aquele montante recebido. Só sentia que podia comprar tudo que eu queria. E assim foi. Todo mês recebia minha bolsa-auxílio e, alguns dias depois, não tinha mais nada.

Mas a história começou a ganhar outra proporção quando, então formada, consegui um bom emprego, com ótimo salário e benefícios, e com ele, as ofertas de cartão de crédito e limites na conta corrente. Isso para mim representava o paraíso, pois me dava possibilidades que antes não tinha experimentado, comprar sem ter o dinheiro na minha conta corrente.

Aí começou um círculo vicioso. Eu vivia ansiosa, porque não tinha um controle eficiente das minhas despesas e sentia que os meses passavam e eu estava sempre controlada pelo acaso. Nos meses que não conseguia quitar as minhas contas sentia-me envergonhada, não conseguia dormir e logo começaram a surgir os primeiros problemas físicos: enxaquecas e uma bela gastrite. Eu não conseguia dividir com ninguém o que eu estava passando, estava angustiada e sem conseguir uma maneira eficiente que me ajudasse.

Foi então que conversando com meu pai, dentro da sua simplicidade, com pouco estudo, mas muita sabedoria, decidi fazer uma poupança para alguma emergência. Assim nascia a primeira aula de educação financeira: a reserva de segurança.

Os anos foram se passando, decisões sendo tomadas, viagens realizadas, casamento, financiamentos de carro, casa, filhos. No entanto, sem nenhum planejamento financeiro para definir a melhor hora ou momento. Foi então que senti novamente o mal-estar vivido logo no começo de minha vida profissional. Com ligações constantes de cobradores atrás de seus créditos, senti-me a pior pessoa do mundo. Entrei numa tristeza profunda, quase uma depressão, e não conseguia conversar com as pessoas mais próximas, pois tinha vergonha de expor a minha fraqueza, nem eu mesma sabia como tinha chegado a tal situação. Sentia muitas dores de cabeça e dores constantes no estômago. Lá estava eu, novamente, tentando driblar os pratinhos.

**A virada**

Eu sempre fui uma pessoa ligada a Deus e à espiritualidade. Em meio a toda essa "gangorra de emoções", um dia, conversando com Deus, pedindo uma luz, fui inspirada a procurar a terapia. Minha irmã me incentivou, pois precisava melhorar a minha autoestima e começar a dar os primeiros passos para resolver e mudar a situação vivida naquele momento.

Arregacei as mangas, resolvi encarar todas as dívidas de frente (sim, eu entendo, até como uma forma de negação evitamos olhar para a dívida e saber quantas são e quais seus valores). Passei a organizá-las em ordem de prioridade, valores, juros e montar um plano, com meu marido, para começar a pagar.

Fui atrás de uma atividade extra que um amigo querido me ofertou. Como consultora à noite e aos finais de semana, consegui levantar dinheiro suficiente para quitar minhas dívidas. Além disso, comecei a procurar cursos de educação financeira na internet, pois quando tudo isso aconteceu, quase não se falava desse assunto. Os canais que existiam falavam mais de investimentos, ainda timidamente. Assim, o caderninho de anotações e a planilha de Excel passaram a ser fiéis companheiros de jornada.

Ah, que alívio! A autoestima, meus amigos. Comecei a me sentir pertencente, forte de novo, conseguia fazer planos, que sensação boa. As dores na cabeça e no estômago sumiram e novos projetos surgiram.

**A guinada**

Comecei a pensar quantas pessoas eram afetadas, diariamente, em seu bem-estar físico e mental por causa das dívidas. Eu não podia ficar quieta depois de tantos aprendizados. Foi nesse momento que começou a minha saga por mais conhecimento. Formei-me como *coaching* financeiro e comecei a levar clareza e consciência às pessoas.

Para aprimorar mais ainda meu conhecimento sobre o comportamento humano e entender o que motiva cada ser e como cada pessoa age em relação ao uso do dinheiro, fiz uma pós-graduação na PUC/RS. Durante o curso, uma grata surpresa: a descoberta da profissão de planejadora financeira pessoal. Essa profissão linda, que tem o poder de libertar tanta gente da angústia e sofrimento. Se pudesse ter tido um planejador ao meu lado durante minha trajetória, as coisas teriam sido diferentes. Mas eu acredito que tudo tem uma razão de ser e uma delas é eu estar aqui contribuindo com você ou com aqueles que você conheça.

Ainda durante a pós-graduação, comecei a fazer o Curso de Formação para Planejadores Financeiros. Desde então, a especialização e o aprendizado são constantes, como cursos de psicologia aplicada ao planejamento financeiro, metodologias atualizadas, sempre focada em autoconhecimento e entendimento de que cada ser humano é único, assim como as dores e dificuldades. Portanto, a escuta ativa e acolhimento são minhas principais ferramentas.

E claro, os sonhos, caro leitor, esses não podem ficar de fora, até porque são eles que nos motivam, são nosso combustível para que consigamos nos manter firmes e focados no nosso propósito. E vendo, durante todos esses anos, o projeto "viajar", em todos os planejamentos que atendo, resolvi me especializar em milhas e de maneira orgânica e acessível, ajudo as pessoas a realizarem esse sonho, tão importante e essencial para o bem-estar físico e mental de muitos.

## Dias de hoje

Infelizmente, minha história é muito parecida com a de muitos brasileiros que, por falta de uma educação financeira desde a infância e entre outras questões comportamentais, acabam se perdendo em meio a tantas ofertas "leoninas", de todo o tipo de crédito e facilidades para nos convencer que a única maneira de realizarmos os nossos sonhos é nos endividando. Não sou contra o crédito, mas assim como um medicamento deve ser tomado no tempo e na medida certos, com orientação e acompanhamento profissional, o mesmo se aplica aos créditos.

Uma pesquisa do Instituto Locomotiva, divulgada no final de 2020, revela que 46% dos brasileiros têm frequentemente ansiedade em relação às suas finanças e 47% se sentem inseguros ao lidar com dinheiro. O medo leva 21% a não abrirem boletos e extratos e 39% sentem culpa e ansiedade só de pensar no orçamento[1].

O impacto dessa situação é gigantesco, em um país com 73 milhões de inadimplentes (dados do Mapa da Inadimplência, do Serasa, de abril de 2024[2]). O desequilíbrio financeiro afeta todos os aspectos da vida, incluindo relacionamentos familiares e com amigos, e produtividade no trabalho. E nem sempre os indivíduos conseguem lidar com isso de um jeito saudável.

O endividamento, seja ele causado por falta de educação financeira, comportamental, uma perda de emprego, renda ou ainda doença, gera muito estresse na maioria das pessoas, e esse estresse leva a um desajuste emocional com sentimentos constantes de culpa, raiva, depressão, ansiedade, angústia. Viver em um momento de escassez, em que a pessoa é obrigada a fazer escolhas a todo tempo, nas suas despesas básicas, faz com que haja um esgotamento mental. Dependendo da intensidade, pode se tornar um distúrbio mental e, com esses sintomas emocionais, logo começam a aparecer também os sintomas físicos.

1 E-INVESTIDOR: Medo de dinheiro? Quase 50% dos brasileiros têm pavor de encarar suas finanças. *Instituto Locomotiva*. 1 dez. 2020. Disponível em: https://ilocomotiva.com.br/clipping/e-investidor-medo-de-dinheiro-quase-50-dos-brasileiros-tem-pavor-de-encarar-suas-financas/. Acesso em: 12 jun. 2024.

2 SERASA. *Mapa da Inadimplência e Negociação de Dívidas no Brasil*. Disponível em: https://www.serasa.com.br/limpa-nome-online/blog/mapa-da-inadimplencia-e-renogociacao-de-dividas-no-brasil/. Acesso em: 12 jun. 2024.

O inverso também é verdadeiro. Pessoas com distúrbios mentais estão mais propensas a gastar, compulsivamente, muitas vezes, para aliviar suas dores emocionais. Tomam crédito sem calcular riscos por excesso de otimismo e autoconfiança, entram em negócios sem qualquer preparo. Ainda existem os casos em que, para poder pertencer a um grupo, o indivíduo vive uma vida financeira fora da sua realidade atual e passa a ter problemas com endividamento de uma maneira contumaz. Muitos vivem em locais que não poderiam ou frequentam lugares que lhe consomem o salário mensal. Em meus atendimentos, vejo isso acontecer com muita frequência, infelizmente.

Casos mais graves ainda podem chegar a ponto de levar o indivíduo ao suicídio. Segundo a Organização Mundial de Saúde (OMS), o Brasil ocupa o 8º lugar entre os países com os maiores índices de suicídio[3]. Não há números exatos a respeito do motivo estar ligado ao endividamento (apesar de termos conhecimento de alguns casos que acontecem ao nosso redor), no entanto, todo suicídio está ligado a um distúrbio mental ou algum tipo de desequilíbrio. Este é um tema muito sensível e que merece atenção redobrada.

**Como mudar a situação**

Para quem está endividado, falar sobre o assunto sem vergonha ou culpa com pessoas de sua confiança é essencial. Pessoas próximas podem ajudar a reverter a situação, formando uma rede de apoio. No entanto, procurar ajuda de um profissional para apoio psicológico e financeiro fará toda a diferença, pois neste momento nos sentimos extremamente perdidos e um apoio acolhedor alivia e ajuda.

Manter a saúde financeira em dia também é uma forma de cuidar da mente, diminuindo o estresse e todas as consequências que a desorganização financeira pode causar.

Estarei aqui para apoiar você em toda a sua trajetória, independente do momento de vida em que você esteja, e para realização dos seus sonhos. Conte comigo.

3 QUAIS os índices de suicídio no Brasil? Fique por dentro dos dados. *Hospital Santa Mônica*. 15 set. 2023. Disponível em: https://hospitalsantamonica.com.br/quais-os-indices-de-suicidio-no-brasil-fique-por-dentro-dos-dados/. Acesso em: 12 jun. 2024.

“

**A sua situação atual não define você. Acredite em sua força interior para alcançar aquilo que você deseja. Eu acredito em você! Vamos juntos?**

FABÍOLA BERNARDES

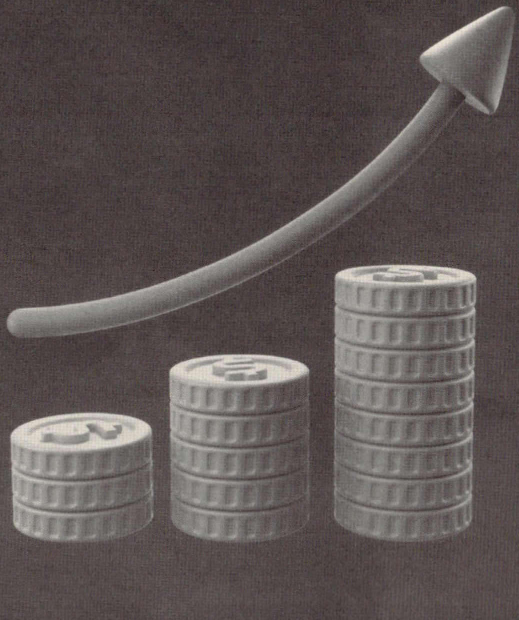

# FLÁVIA RAMOS

Mineira, uai! Residindo no interior de São Paulo, casada e sem filhos. Minha família sempre foi a minha edificação e fortaleza. Graduada em Administração de Empresas, pós-graduada em Controladoria e Finanças. Técnica em Matemática Financeira, Mentora de empreendedorismo e gestão financeira; CEO da K&F Assessoria e da FR Gestão Financeira.

Atuo há oito anos no mercado financeiro com especialidade em meios de pagamentos e planejamento financeiro. Como mentora, ajudei dezenas de pessoas em projetos e *startups*. Meu objetivo é aproximar pessoas e empresas de seus verdadeiros propósitos financeiros.

Apaixonada por organização estrutural de finanças, meu intuito é fazer com que a educação financeira alcance sempre mais famílias.


**flaviaramosadm**

**+55 (17) 99634-4243**

**Flávia Ramos**

**flavia.adm.ramos@gmail.com**


ADEUS, DÍVIDAS

ESTRATÉGIAS PRÁTICAS PARA CUIDAR DO SEU DINHEIRO

# 14 EDUCAÇÃO FINANCEIRA: FUNDAMENTOS E PRINCÍPIOS

POR FLÁVIA RAMOS

Neste capítulo, falaremos sobre a educação financeira de uma forma prática e muito importante para nossa vida em geral. Ela serve para controlar o orçamento do mês, evitar endividamento, conquistar objetivos, poupar dinheiro. Com a ausência desse entendimento, você acaba vivendo dia após dia "apagando incêndios" de contas atrasadas, postergando assim a realização de seus sonhos.

Grande parte de seus sonhos dependem de um planejamento e controle financeiro, como a aquisição de um veículo ou imóvel específico, a conclusão de um curso ou até mesmo aquela viagem tão sonhada. Por isso, estou aqui para ajudar a transformar seus esforços em realidade.

## Educação financeira e sua importância

Diferente do que muitos acreditam, a educação financeira nada mais é que alcançar segurança e qualidade de vida no futuro, tanto na vida pessoal quanto no mundo corporativo. Ela nos traz uma maior abrangência de ações, objetivando oferecer condições para que você decida melhor o que fazer com seu dinheiro, além de permitir estratégias distintas. Uma pessoa com educação financeira demonstra mais consciência e pé no chão quando se trata de orçamento pessoal.

Segundo uma pesquisa realizada pela S&P Ratings Services Global Financial Literacy Survey, em 2021, o Brasil se encontrava na 74ª posição entre 144 nações avaliadas em termos de educação financeira. Em abril de 2022, mais de 60 milhões de brasileiros estavam inadimplentes, um recorde histórico[1].

1 BRASIL é o 74º em ranking global de educação financeira. *Exame*. 19 set. 2015. Disponível em: https://exame.com/invest/minhas-financas/brasil-e-o-74o-em-ranking-global-de-educacao-financeira/amp/. Acesso em: 12 jun. 2024.

A taxa de inflação e o desemprego, além das altas taxas de juros, corroem o poder de compra e levam ao endividamento. Estes dados demonstram uma lacuna considerável no conhecimento básico entre a população brasileira. Não é papo furado, educação é a solução para liberdade e independência financeira.

**Gerenciando o dinheiro**

O método 50-30-20, inventado por Elizabeth Warren, é uma forma de organização financeira pessoal que distribui o orçamento em três vertentes específicas: 50% para as necessidades, 30% para desejos e 20% para objetivos financeiros.

Descomplicando: a atribuição dos 50% refere-se a despesas fixas mensais, como moradia (financiamento ou aluguel, condomínio, IPTU, educação, alimentação, energia elétrica, entre outras). Estes gastos, que chamamos de essenciais, podem variar de pessoa para pessoa, podendo haver diferenças. Para melhor discernir, certifique-se se o custo é ou não dispensável, o ideal é que você discrimine todos esses gastos mensais, de preferência mês a mês, para um cálculo de uma margem mais precisa.

Já os desejos pessoais correspondem a 30% da renda, que são aqueles gastos supérfluos. Mesmo que eles não sejam indispensáveis para sua sobrevivência, são importantes para que você possa usufruir de fatores positivos, bem como uma viagem em férias, *streaming* de TV e até mesmo compras relacionadas à satisfação, descanso mental, felicidade, entre outros. É de extrema importância analisar cada uma dessas despesas e se faz sentido manter em seu orçamento mensal. Os gastos supérfluos, na maioria das vezes, são confundidos com gastos essenciais, podendo se tornar vilões para seu orçamento.

Os 20% restantes devem ser destinados a objetivos financeiros, como a construção ou reforço de sua reserva financeira. Caso ainda não tenha disponibilidade de recursos, iniciaremos a construção de uma reserva de emergência que nada mais é que uma "segurança" para o uso em situações como despesa inesperada, imprevistos financeiros, desemprego. Embora seja um valor que você mesmo pode destinar, é necessário que seja de 3 a 6 meses dos seus gastos mensais, considerando, principalmente, os gastos essenciais, podendo também ser composta de parte dos gastos supérfluos. O verdadeiro intuito da reserva de emergência é permitir que você e sua família possam viver os meses "não programados" sem ou com o menor impacto possível, até que a entrada de recursos seja restabelecida. Lembre-se: o foco da reserva de emergência é a rápida disponibilidade, e não necessariamente a rentabilidade. Ainda assim há diversas opções com boa liquidez e retornos atrativos.

Embasada em estudos aprofundados, desenvolvi uma técnica com 8 fundamentos essenciais para uma boa organização financeira, juntamente com o ciclo de Growth. Um pote de ouro, hein? Já prepara o *print* se estiver lendo em uma tela ou o marca-texto, caso esteja com livro impresso.

**1) Orçamento pessoal -** É o princípio básico da educação financeira. Permite entender para onde está indo o dinheiro. Identifica possíveis desperdícios e ajuda a planejar o uso dos recursos de forma eficiente.

**2) Reserva de emergência -** Outro princípio importante é a criação de um fundo de emergência. Este deve ser suficiente para te resguardar em um período de seis meses em casos de imprevistos como doenças ou desemprego.

**3) Poupar e investir -** Pagar-se primeiro é primordial. Isso significa reservar uma parte de sua renda para poupança e investimentos antes de gastar com as demais coisas. Ajuda a construir um patrimônio a longo prazo e garante segurança financeira para seu futuro.

**4) Endividamento com consciência -** Entender os tipos de dívida e utilizar o dinheiro de maneira consciente é fundamental. Educação financeira inclui saber diferenciar dívidas que podem gerar valor futuro (como empréstimo para educação) e dívidas prejudiciais (como o saldo rotativo do cartão de crédito).

**5) Riscos e retornos -** Compreender a relação entre risco e retorno é crucial para tomar decisões de investimentos. Diferentes tipos de investimentos trazem diferentes níveis de risco e retorno esperado, e é de extrema importância alinhar esses investimentos com seus objetivos e tolerância ao risco.

**6) Planejamento a longo prazo -** Destaca-se aposentadoria, educação dos filhos, entre outras grandes metas. Traçar esses objetivos com antecedência pode fazer uma diferença significativa na capacidade de alcançá-los.

**7) Proteção através de seguros -** Priorizar coberturas adequadas para saúde, vida, imóveis, entre outros, ajuda a proteger de eventos financeiros devastadores.

**8) Educação continuada -** O mercado financeiro está em constante evolução, assim como as leis e os instrumentos financeiros. Manter-se educado e atualizado é crucial para gerenciar suas finanças de forma eficaz.

Esses princípios formam a base para uma gestão financeira pessoal sólida e ajudam a estabelecer hábitos que podem levar a uma vida financeira mais previsível e estável.

**Na prática**

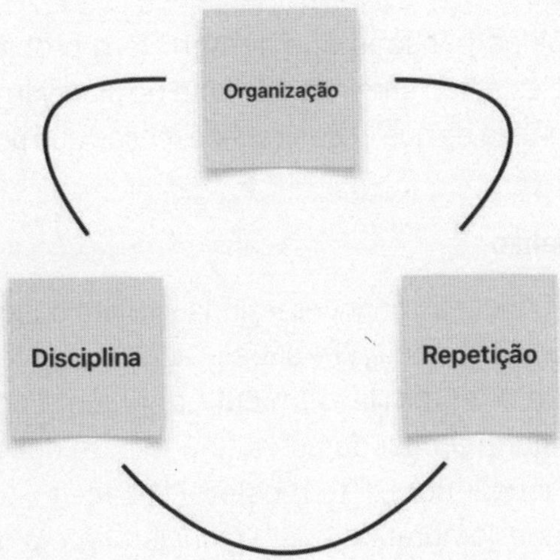


O ciclo de Growth define a estabilidade da consciência financeira do indivíduo. Ele é usado para memorizarmos o fluxo de foco para um orçamento sempre saudável.

Se não colocarmos nossos conhecimentos em prática, tudo terá sido em vão. Conhecimento liberta; quanto mais eu estudo, mais eu coloco em ação aquilo que aprendo, mesmo que seja minimamente. Por consequência, vi que a prática, inspirada pela teoria, dava resultado, o que me levou a uma importante revelação: o conhecimento só é transformador quando você o coloca em prática. Esse é o grande segredo.

Dinheiro não é só um papel, mas é o fruto do seu trabalho, use-o de maneira consciente. Ao ver as notas e o números da sua conta bancária, você não pode esquecer de que são resultados das horas investidas no trabalho, a concretização da sua energia. Sendo assim, questione-se diante do verdadeiro valor de qualquer compra.

Por exemplo, se você ganha R$ 40,00 por hora, um tênis de R$ 400,00 custará 10 horas de seu trabalho. Será que vale a pena? Não estou aqui falando que você nunca poderá comprar um tênis, mas avalie e faça perguntas para si próprio: "Será que realmente preciso neste momento?". Não tome decisões somente para desejos imediatos.

Outra questão importante é ver cada centavo como oportunidade para realizar seus sonhos. Se entrar R$ 0,50 em sua carteira, será um pequeno passo adiante. Se você pensa nele apenas como um meio de consumo, jamais será possível se engajar em trabalhar e poupar mais.

Se você é daquelas pessoas que sempre tem problemas financeiros, provavelmente eles estão surgindo por falta de planejamento. Analise seus gastos. Tenho certeza de que encontrará despesas que podem ser reduzidas ou cortadas.

**Planejo, logo realizo**

Na atualidade, a educação financeira ainda é muito pouco explorada; redes de ensinos deveriam colocar em suas grades como fator primordial. Eu mesma venho de uma família sem cultura alguma em organização de finanças e já encontrei pessoas semelhantes no decorrer do caminho. Devemos desbloquear nosso "termostato" financeiro, termos constância no que planejamos, lembrando que o planejamento é o princípio de todo objetivo a ser alcançado.

Espero ter conseguido te auxiliar de forma dinâmica e inspiradora. Que bom que chegou até o final desse capítulo! Vou te dar um presente. Você, meu amigo leitor, que tirar uma foto do livro e me marcar no Instagram (@flaviaramosadm), terá uma surpresa exclusiva, porém irei enviar somente para quem me marcar.

Aguardo você lá! Sucesso!

**Referências**

ENTENDA o que é o método 50 30 20 e como aplicá-lo. *Ailos*, 3 out. 2022. Disponível em: https://blog.ailos.coop.br/educacao-financeira/metodo-50-30-20/. Acesso em: 8 jun. 2024.

PRÍNCÍPIOS de educação financeira que você precisa saber agora mesmo. *Direcional*, 26 fev. 2021. Disponível em: https://www.direcional.com.br/blog/financas/educacao-financeira/. Acesso em: 8 jun. 2024.

“

**Crenças nos impedem de agir. Atitudes nos libertam dos medos. Finanças são a base de todo começo.**

FLÁVIA RAMOS

# GENÉSIO VASCONCELOS

Sou Genésio Vasconcelos, natural de Fortaleza/CE. Formado em Administração de Empresas e Administração Pública, ambas pela Universidade Estadual do Ceará, com especialização em Gestão Tributária, pela Universidade Castelo Branco (RJ) e com doutorado em Administração de Empresas, pela Fundação Getúlio Vargas (SP). Analista de negócios e professor.

Filho de comerciantes, sempre estive envolvido, de alguma forma, com os trabalhos dos meus pais. Por necessidades da vida, comecei a trabalhar aos 16 anos. Minha relação com o dinheiro sempre foi algo muito presente, devido aos diversos momentos bons e ruins que experimentei na minha formação pessoal. Isso me fez buscar aprender cada vez mais sobre como lidar com ele e como tirar o melhor proveito dele, aliando a teoria à prática.

nossodinheiro

ADEUS, DÍVIDAS

ESTRATÉGIAS PRÁTICAS PARA CUIDAR DO SEU DINHEIRO

# 15 ROMPENDO O CICLO DE ENDIVIDAMENTOS

POR GENÉSIO VASCONCELOS

Quem nunca esteve em uma conversa entre amigos, familiares ou colegas de trabalho e o tema "endividamento" veio à tona? Muitas vezes, ele não vem abertamente, claro. Somos muito discretos em falar de nossa vida financeira, principalmente quando ela não vai bem. Afinal de contas, não gostamos de mostrar que não estamos bem. Em nenhuma área de nossas vidas. Podemos até falar sobre nossos problemas mais íntimos, como os conjugais, mas somos muito reservados quando se trata de vida financeira. Porém, apesar de não ser muito falado, o tema é mais presente do que se imagina. Se você possui dívidas, calma, você não está só.

Pesquisas apontam que, no Brasil, o índice de endividamento varia em torno de 78% da população[1]. Por vezes, acima desse valor; em outras, abaixo. Mas sempre em torno deste número. Perceba, é como se em uma roda de 10 pessoas, pelo menos 7 delas estivessem endividadas. Quando falo endividadas, não é porque deixaram atrasar uma conta ou outra, não. São pessoas que já não sabem como pagar alguma conta. Então, percebe como o tema é muito mais presente no nosso dia a dia do que nós pensamos?

Chegarmos a essa conclusão não resolve nosso problema. Não é porque muita gente possui dívidas que isso é algo bom. Pelo contrário. A falta de diálogo e conscientização sobre esse problema só agrava nossa situação. Geralmente, temos a tendência de ocultar que estamos com problemas financeiros. Ao fazermos isso, mantemos os hábitos que nos levaram a essa situação. Ou seja, continuamos consumindo da mesma forma que consumíamos antes,

1 CAMPOS, A. C. Endividamento aumenta entre as famílias em março. *Agência Brasil*. 4 abr. 2024. Disponível em: https://agenciabrasil.ebc.com.br/economia/noticia/2024-04/endividamento-aumenta-entre-familias-em-marco#:~:text=ouvir%3A,ficou%200%2C2%20p.p.%20abaixo. Acesso em: 12 jun. 2024.

em diversões, vestuário, viagens e consumos aparentemente bobos do dia a dia, mas que vão minando nosso poder de compra. Afinal de contas, consumir é bom, consumir coisas boas e que nos fazem bem é melhor ainda.

Além disso, muitas vezes o consumo está ligado a momentos em sociedade, quer sejam amigos, parentes ou momentos conjugais. Todo este ambiente nos traz satisfação em manter o consumo que temos ou aumentarmos o nível. Com isso, nosso endividamento só aumenta, pois, a cada dia que passa, manter nosso estilo de vida de consumo acima do nosso poder de compra só amplia nosso endividamento.

Porém, você pode estar se perguntando: "Há algum problema em querer viver bem? Em querer consumir coisas boas? Em querer ter bons momentos na vida?". Não! Definitivamente, não. Tudo isso nos faz bem, nos traz conforto, massageia o nosso ego e nossa presença social, de alguma forma. Além disso, o consumo faz parte da nossa vida e funciona como uma espécie de "prêmio" à nossa dedicação que temos com o trabalho. Mas este consumo pode ter dois problemas.

O primeiro problema está no fato de possuirmos hábitos de consumo que estão fora do nosso poder financeiro. Ou seja, começamos a consumir coisas que não condizem tanto com o nosso perfil de renda, motivados por diversas razões, quer sejam de ordem pessoal, social ou profissional. Afinal de contas, quem nunca consumiu algo para impressionar alguém ou para se sentir aceito em determinado grupo "que atire a primeira pedra". Esse pecado é nosso e todos cometemos em menor ou maior grau. Por mais que digamos que não fazemos, em algum momento já fizemos.

O segundo problema acontece quando perdemos o controle desse consumo. Ou seja, você pode até me dizer que tudo o que consome está dentro do seu perfil financeiro e social, quer sejam consumos de diversão, viagens, vestuário, alimentação, moradia, educação, locomoção, entre outros. Porém, não existe muito controle sobre a quantidade de consumo. Essa perda de controle pode ocorrer por falta de registro ou atenção na quantidade consumida, pelo excesso de consumos pagos de forma parcelada ou por adicionarmos "merecimentos" demais na nossa rotina. Antes que brote um sentimento seu de chateação comigo, quero antecipar que não sou contra as autopremiações. Ao contrário, são muito válidas e devem ser feitas sim. Porém, se nos premiamos toda semana ou rotineiramente, deixou de ser prêmio e passou a ser padrão.

Esses dois problemas de consumo podem nos levar à mesma consequência, que é a perda do poder de arcar financeiramente com as nossas escolhas. Começamos a perceber isso quando já não conseguimos mais ter dinheiro suficiente para pagar o cartão de crédito e sobrar algum valor expressivo para nossos gastos mensais, como as contas rotineiras. Dá-se início à dependência do cartão de crédito, que deixou de ser um meio de pagamento, para ser uma espécie de nova fonte financeira para podermos "rodar" o mês. Usamos tanto as compras parceladas que já não conseguimos mais reservar dinheiro para nosso dia a dia. Nesse momento, já estamos pagando os "boletos" no cartão de crédito, já que não temos recursos financeiros para pagá-los em espécie. Pode parecer apenas um tropeço, mas quem não tropeça nessa vida, não é mesmo?

Este é o momento em que a bola de neve surge de forma robusta, forte e imponente na nossa frente. Olhamos para ela e temos a nítida impressão de que ela vai nos atropelar, sem qualquer piedade. Pensamos logo: onde foi que eu errei? Como posso ter chegado nessa situação, se tudo parece ser tão comum no meio em que eu vivo? Infelizmente, além das questões financeiras, outras áreas de nossa vida começam a ser abaladas, como a nossa tranquilidade, o sono, problemas com ansiedade, medo, relacionamentos familiares, conjugais e profissionais. Percebemos que estamos com múltiplos pontos em desacordo em nossa vida, que tiveram como ponto central o fato de não conseguirmos mais arcar com o estilo de vida que escolhemos para nós mesmos. Há solução? Como agir para não ser atropelado por essa bola de neve que ajudamos a crescer e agora não conseguimos mais dar conta?

Sim, há solução. Claro que cada caso possui suas especificidades e deve ser analisado de forma individualizada. Aqui, não tenho a intenção de apresentar fórmulas mágicas que podem resolver todos os problemas. Ao contrário, a ideia é apresentar algumas diretrizes e reflexões para que você possa pensar sobre quais se adequam mais à sua realidade e começar seu caminho para romper o ciclo do endividamento. Outro ponto é que não vou trazer aqui números e cálculos mostrando o que fazer, nem qual opção é mais rentável para sair das dívidas. Mais uma vez, essas informações mudam muito de acordo com cada caso e cada período da nossa economia.

A primeira coisa a ter em mente é que o endividamento foi gerado por uma série de comportamentos de consumo. Da mesma forma, encerrar esse movimento requer ações de igual força e sentido contrário. Ou seja, precisamos ser ativos e repensarmos algumas formas de agir e lidar com o nosso consumo rotineiro, para que possamos reestabelecer nossa saúde financeira e zerar nossas dívidas. Então vamos a alguns passos para que isso ocorra de forma produtiva.

Estamos em um momento crucial, que requer ações mais enérgicas. Então, é preciso reduzir ao máximo alguns gastos e rever algumas decisões. Claro que não falo em deixar de ter os pequenos prazeres da vida. Mas que eles sejam revistos e repensados, para que possam ser vividos de forma financeiramente mais adequada. Eis aqui alguns exemplos. Que tal trocar os bares e restaurantes por programações mais colaborativas nas casas uns dos outros? Será que todos os serviços por assinaturas são necessários? Podem ser cancelados ou compartilhados? Essas são apenas perguntas iniciais, mas que podem ajudar a repensar o consumo do seu dia a dia.

Outro ponto a ser levado em consideração é a nossa posição financeira social. Geralmente, tendemos a nos projetar socialmente um pouco acima do que realmente temos capacidade financeira de arcar. Porém, esse comportamento nos leva a excedermos os gastos para além do nosso poder de pagamento, gerando dívidas. Por mais doloroso que possa parecer, é necessário fazer uma reflexão sobre qual nossa posição financeira. Que tipo de locais e consumo realmente temos condições de manter? O mais importante é saber como estão estruturados os nossos gastos e não o quanto ganhamos. Pessoas que ganham o mesmo valor podem possuir capacidades financeiras completamente diferentes.

O terceiro passo é ter a consciência de vivermos sempre um patamar financeiro abaixo dos nossos rendimentos. Esse movimento nos força a termos sempre um valor em nossa reserva de emergência e nossos investimentos para o futuro. Vivemos dias em que a aposentadoria pública está em tendência de queda quanto ao modelo atual. Assim, é cada vez mais necessário que nós mesmos façamos nossos investimentos, para o nosso futuro, quando não conseguirmos mais trabalhar e precisarmos de renda.

O quarto passo, mas não menos importante, é, dependendo de quão grave esteja a situação das dívidas, o momento de pensar em alguma forma de geração de renda extra. Essa alternativa é muito específica, pois depende muito de como é sua relação com seu emprego. Por exemplo, alguns profissionais podem ampliar sua jornada de trabalho para ter rendas maiores, momentaneamente. Outras pessoas possuem os finais de semana "livres" do trabalho e podem pensar em alguma atividade para gerar renda nesses dias. Existem casos de serviços que podem ser feitos de casa. Então, são muitas alternativas que vão variar de acordo com cada caso específico.

Estas são apenas algumas das muitas ações que podem ser feitas. Foram a partir delas que eu refiz minha vida financeira, encerrando um ciclo de dívidas histórico que possuía e começando uma nova jornada, de uma vida mais tranquila, financeiramente, e dentro da minha realidade de vida. Hoje, ouço pessoas dizendo que algumas coisas são mais fáceis para mim, mas esquecem das muitas decisões difíceis que tive que tomar para poder organizar minhas finanças. Espero que sua vida financeira seja de muito sucesso e que você possa olhar para tudo o que passou e ver o quanto aprendeu e o quanto mudou. Que suas decisões possam servir de exemplo para aqueles que convivem com você e possam rever também as escolhas de consumo deles. Sucesso!

“Somente a mudança em nossos hábitos de consumo, de forma consciente e organizada, é capaz de encerrar o ciclo de endividamento.

GENÉSIO VASCONCELOS

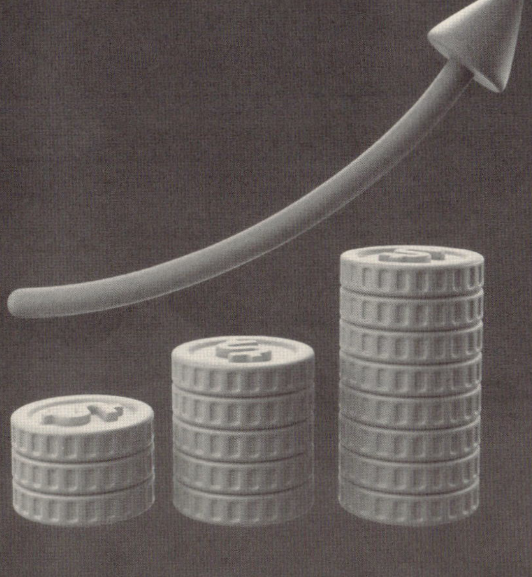

# GERALDO BÚRIGO

Sou Geraldo Búrigo de Carvalho Filho, nascido no dia 19 de fevereiro de 1982, natural de Tubarão/SC. Formado em Engenharia Elétrica pela Universidade do Sul de Santa Catarina, com mais de 15 anos de experiência como investidor. Pós-graduado em Finanças pela PUC/RS, com MBA em Gestão Comercial, pela FGV, certificado como especialista em investimentos/ANBIMA e registrado na CVM, como consultor de investimentos.

Atuo há quase vinte anos na área de telecomunicações e venho desenvolvendo um trabalho de educação financeira divulgando conteúdos nas redes sociais, com o intuito de ajudar o brasileiro a investir de forma mais responsável e eficiente.


geraldoburigo

geraldoburigo.com

geraldoburigo@geraldoburigo.com


ADEUS,
DÍVIDAS

ESTRATÉGIAS PRÁTICAS PARA CUIDAR DO SEU DINHEIRO

# 16 MUDANDO A MENTALIDADE: INVESTIR PARA REALIZAR

POR GERALDO BÚRIGO



## Você enriquece trabalhando

Existe ainda uma crença muito forte na sociedade de que investir é uma forma de enriquecer rapidamente. A verdade é que as pessoas não enriquecem investindo, as pessoas enriquecem trabalhando. Porém, é verdade também que investir é uma poderosa ferramenta que irá potencializar o crescimento do seu patrimônio, mas é importante entender que a origem dos recursos que irá permitir que você invista e siga potencializando esse crescimento ao longo do tempo virá do seu trabalho.

Por isso, é muito mais importante você focar na sua capacidade de gerar renda do que alimentar a esperança de enriquecer através de um ganho especulativo.

Essa crença de enriquecimento acaba sendo fomentada pela própria indústria do mercado financeiro que, para atrair futuros clientes, utiliza estratégias agressivas prometendo ganhos e lucros que, muitas vezes, não condizem com a realidade.

Esses grandes retornos, na verdade, até existem, assim como todos os meses alguém, entre milhões de apostadores, ganha na loteria e fica milionário. Porém, perceba que esses grandes retornos que existem no mercado financeiro são raros e fruto da aleatoriedade.

Portanto, é importante ter ciência de que a probabilidade de você ficar rico investindo no mercado financeiro de uma hora para outra é quase a mesma de você ganhar na loteria. Sendo assim, devemos ver os investimentos como um processo e não algo que você simplesmente aposta.

Aliás, você até pode enriquecer investindo, mas não da forma que a maioria das pessoas imagina, já que nos investimentos o ganho está na espera, na disciplina e na consistência, no quanto você aporta e por quanto tempo fica investido. Ter isso em mente acaba sendo o ponto-chave para se tornar um investidor de sucesso.

### Proteção em primeiro lugar

Investir é uma forma de proteger e rentabilizar seu patrimônio a longo prazo. Quando falamos em proteção, estamos querendo proteger nosso patrimônio de uma espécie de "imposto silencioso" chamado inflação. Inflação nada mais é do que a perda do poder de compra do seu dinheiro com o passar do tempo. É chamado de silencioso pois não percebemos, ou melhor, nós literalmente não vemos, já que o valor nominal que possuímos continua o mesmo.

Para ficar mais claro, se em 2004 você deixasse a quantia de R$ 1.000,00 embaixo de um colchão, hoje, quase 20 anos depois, você ainda teria nominalmente essa quantia, porém o poder de compra dela seria de algo próximo a R$ 330,00.

Esse conceito primordial de proteção já vem dos nossos pais e avós, quando, naquela época, a compra de imóveis era praticamente a única opção de investimento. Hoje, com a evolução dos mercados, você possui, além do investimento em imóveis, outros tipos de investimentos que irão lhe dar essa proteção contra a inflação.

### Rentabilizar para realizar

Investimos para atingir um objetivo, podendo ser a compra de um carro, uma casa, uma viagem ou para garantir uma boa aposentadoria. Usamos os investimentos como uma forma de acelerar esse processo, porém, sempre de forma responsável e usando os fatores corretos. Vamos falar mais sobre isso adiante.

Não faz sentido fazer um planejamento sem usar o poder dos juros compostos a seu favor, ou seja, guardar ou poupar sem investir esse dinheiro. Veja a diferença entre poupar e investir na tabela abaixo.

| Aportes mensais | Rentabilidade (ao ano) | Tempo (anos) | Patrimônio acumulado |
|---|---|---|---|
| R$ 500,00 | 0% | 20 | R$ 120.000,00 |
| R$ 500,00 | 6% | 20 | R$ 220.713,00 |

Ou seja, 120 x R$ 500,00 não serão R$ 120.000,00 em 20 anos. Serão R$ 220.713,00. Portanto, quando você investe:

- Você protege seu dinheiro da inflação.
- Você reduz o tempo necessário para atingir seu objetivo.
- Você potencializa o crescimento do seu patrimônio ao longo do tempo.

**O poder dos aportes de do tempo**

Ao analisarmos a fórmula dos juros compostos, podemos ver que:

Patrimônio acumulado = aportes x (1 + rentabilidade) elevado ao tempo

Ou seja, nós temos três fatores essenciais que afetam o trabalho dos juros compostos:

- Aportes.
- Tempo.
- Rentabilidade.

É interessante observar que tanto com os aportes como com o fator tempo investido nós temos um certo tipo de controle sobre eles, já a rentabilidade, não. Quando investimos, sempre trabalhamos com expectativas de retorno e nunca com garantias de retorno. Aliás, quem garante retorno normalmente está querendo lhe oferecer uma pirâmide financeira.

Veja que ao se organizar financeiramente para reduzir os gastos mensais ou criar uma segunda fonte de renda, podemos dizer que temos um certo tipo de controle sobre o tamanho e a regularidade dos nossos aportes ao longo do tempo.

Da mesma forma, o quanto antes começarmos a investir ou quanto mais tempo permanecermos investindo, mais o fator tempo irá ajudar no crescimento do nosso patrimônio. No entanto, a maioria das pessoas tem uma certa dificuldade de perceber o poder tanto dos aportes como do tempo investido e focam demais na rentabilidade, que é justamente o fator que não temos controle.

Observe as três simulações na tabela abaixo. Veja que mesmo reduzindo pela metade a sua rentabilidade, porém aumentando o tamanho dos seus aportes, você acaba quase dobrando seu patrimônio acumulado após 20 anos, e se você resolver permanecer investido por mais 5 anos, seu patrimônio acaba tendo mais um crescimento significativo.

Perceba como o poder dos aportes e do fator tempo investido acabam sendo muito mais importantes do que rentabilidade, principalmente pelo fato de termos um certo tipo de controle sobre eles.

| **Aportes mensais** | **Rentabilidade (ao ano)** | **Tempo investido (anos)** | **Patrimônio acumulado** |
|---|---|---|---|
| R$ 500,00 | 10% | 20 | R$ 343.650,00 |
| R$ 1.500,00 | 6% | 20 | R$ 662.140,00 |
| R$ 1.500,00 | 6% | 25 | R$ 987.561,00 |

Mas calma, isso não quer dizer que você não deve procurar por bons investimentos que geram bons retornos, e sim que você deve primeiro analisar todos os riscos envolvidos, antes de julgar se aquele investimento faz algum sentido para você ou não. Afinal, rentabilidade a gente não controla, mas risco, sim.

**Evite grandes perdas**

Ao buscar somente por rentabilidade, as pessoas começam a ter riscos extremamente desnecessários, começam a procurar por certos tipos de investimentos que não estão de acordo com seu perfil e, na maioria das vezes, acabam caindo em produtos extremamente arriscados e até mesmo em falsas promessas de pirâmides financeiras.

Por isso, o gerenciamento de risco deve ser priorizado antes da busca por rentabilidade; ter ciência de todos os riscos envolvidos é fundamental, principalmente porque os retornos necessários para se recuperar de uma grande perda são assimétricos, ou seja, se você teve uma queda de 50% do seu patrimônio, você precisa agora de 100% somente para empatar.

Sim, se você possui um patrimônio de R$ 10.000,00, caso ele tenha uma queda de 50%, você agora tem R$ 5.000,00 e precisa de um retorno de 100% somente para recuperar sua perda. Portanto, evitar uma grande perda pode ser a diferença entre você atingir ou não o seu objetivo financeiro.

**Foco no que importa**

Você simplesmente não precisa de grandes retornos para atingir seus objetivos financeiros. Grandes retornos não são consistentes e estão atrelados a grandes riscos. Você precisa, na verdade, de bons retornos, que possam ser mantidos e repetidos ao longo do tempo.

Veja o exemplo abaixo de dois investidores com mentalidades diferentes. Enquanto João era um mero apostador, buscando sempre mais rentabilidade, Pedro era um investidor, que priorizava o risco, sabia da importância dos aportes e do fator tempo investido. Como grandes retornos não são consistentes, João teve uma surpresa desagradável no terceiro ano, quando viu seu patrimônio cair 40%.

| | **Ano 1** | **Ano 2** | **Ano 3** | **Ano 4** | **Ano 5** |
|---|---|---|---|---|---|
| João | 30% | 20% | -40% | 8% | 6% |
| Pedro | 8% | 9% | 7% | 8% | 6% |

Observe que mesmo mudando sua mentalidade depois desse prejuízo e investindo conforme Pedro, ou seja, com uma mentalidade de investidor, João não conseguiu recuperar o tempo perdido e, depois de 5 anos, acumulou um valor menor de patrimônio que Pedro.

| | Ano 1 | Ano 2 | Ano 3 | Ano 4 | Ano 5 |
|---|---|---|---|---|---|
| João | R$ 1.300,00 | R$ 1.560,00 | R$ 936,00 | R$ 1.010,88 | R$ 1.071,53 |
| Pedro | R$ 1.080,00 | R$ 1.177,20 | R$ 1.259,60 | R$ 1.360,37 | R$ 1.441,99 |

O exemplo pode ser simples, mas acontece bastante, é bem comum as pessoas mudarem a mentalidade somente depois de uma grande perda. Dependendo da forma que você tenta reduzir o tempo necessário para alcançar seu objetivo, as probabilidades de surpresas desagradáveis acontecerem aumentam substancialmente. Portanto, para acelerar esse processo de forma responsável, o foco tem que estar naquilo que realmente temos controle.

**Investir é um processo**

Normalmente, os que focam somente a rentabilidade são os primeiros a desistir, ou seja, estão apenas se iludindo com a esperança de enriquecer de uma hora para outra. Não estão, de fato, em busca de algum objetivo financeiro. No fim, são meros apostadores, com comportamentos semelhantes de quem joga na loteria ou cassinos. Portanto, investir com base em objetivos e não ver o dinheiro como um fim, e sim como um meio para realizar seus sonhos, acaba sendo fundamental para essa mudança de mentalidade.

Quando você entende essa mentalidade de investidor, você passa a focar o que realmente importa e para de ser um mero apostador no mercado financeiro. Investir no fim é um processo, você até se motiva para começar, mas o que vai fazer diferença no resultado será como você se comporta ao longo do tempo. Isso que realmente importa.

Assim como quase tudo na vida, as coisas boas resultam de uma composição que leva tempo, uma empresa leva tempo para maturar e dar lucro, uma dieta leva tempo até que você chegue ao peso ideal, um atleta leva tempo até que chegue no auge da sua forma física, você leva anos estudando para atingir autoridade no assunto e nos investimentos é a mesma coisa.

E por fim, não se esqueça, investir bem não é buscar mais rentabilidade, investir bem é atingir seus objetivos financeiros.

“

**Investir bem é atingir seus objetivos financeiros.**

GERALDO BÚRIGO

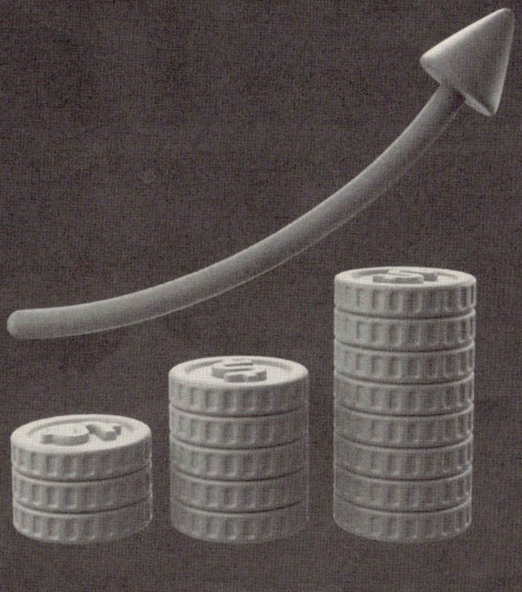

# GRAZIELA MOTA

Meu nome é Graziela Mota, nasci em Salvador/BA, mas resido em Vitória da Conquista/BA, com meu esposo André e meu filho Miguel.

Sou contadora, com especialização em Desenho de Projetos e Licitações, *personal finance* e palestrante. Atuo há mais de vinte anos como especialista em licitações e contratos em projetos de cooperação técnica com órgãos internacionais.

Na contabilidade, me dediquei a entender como a lógica dos números, associada a uma execução baseada em projetos, é um forte aliado para a conquista da liberdade financeira. Ao longo dessa estrada, superei obstáculos que foram fundamentais para entender que meu propósito de vida é ajudar pessoas, especialmente mulheres, a adquirir autoconfiança para tomar decisões quando o assunto é dinheiro.

**grazielamotaoficial**

**grazielamotaoficial@gmail.com**

ADEUS, DÍVIDAS

ESTRATÉGIAS PRÁTICAS PARA CUIDAR DO SEU DINHEIRO

# 17 A IMPORTÂNCIA DE CONTROLAR RECEITAS E DESPESAS

POR GRAZIELA MOTA



## 1 - Contextualização

Segundo o Mapa da Inadimplência e Renegociação de Dívidas do Serasa, em março de 2024 o Brasil possuía 72,89 milhões de inadimplentes, o que representa 44,30% da população adulta do país[1]. A maior parte desse endividamento é composto de dívidas constituídas em bancos, financeiras e cartões de crédito, assim como inadimplência com as concessionárias responsáveis pelo fornecimento de água, luz, gás de cozinha e demais itens essenciais ao consumo doméstico.

A contração de dívidas pode ser explicada por diversos fatores, como desemprego, problemas de saúde, fatores externos que fogem ao controle pessoal. Esse estado retira primeiramente a paz das pessoas e afeta diretamente a autoestima, os relacionamentos, a vida profissional, a vida sexual, a saúde mental, provocando ansiedade, angústia, estresse, irritação, vergonha, tristeza e desânimo. E comigo não foi diferente.

## 2 - Um pouco da minha relação com as finanças

Eu vim de uma família muito humilde, que morava no interior da Bahia, onde não tínhamos luxo nem artigos da moda. Porém, meus pais sempre estiveram atentos e trabalharam para que não faltasse o básico em nossa casa.

Preocupados em suprir as necessidades básicas da família, meus pais não discutiam em casa sobre educação financeira, porém, nunca presenciei

1 SERASA. *Mapa da Inadimplência e Renegociação de Dívidas*, mar. 2024. Disponível em: https://cdn.builder.io/o/assets%2Fb212bb18f00a40869a6cd42f77cbeefc%2F9dfaed005e5745798c70c400a4ee1ba6?alt=media&token=1042f728-a6e6-46e2-b4cf-15e0b16ba037&apiKey=b212bb18f00a40869a6cd42f77cbeefc. Acesso em: 12 jun. 2024.

em meu lar a visita de credores ou cobradores na nossa porta. Minha mãe sempre foi a poupadora do lar. Pela sua exímia gestão do orçamento doméstico, vivenciamos o equilíbrio perfeito entre receitas e despesas, ou seja, o que meu pai ganhava como único provedor da família era o suficiente para honrar todas as nossas despesas e demais compromissos.

Aos 14 anos, comecei a ganhar dinheiro com a venda de toalhas bordadas por mim, para suprir as necessidades advindas com a adolescência. Esse período veio acompanhado da vaidade e do desejo de ter coisas que não eram acessíveis ao poder aquisitivo da minha família. A mania de luxo e de grandeza foi sendo alimentada em mim à medida que via as minhas colegas de escola adquirirem itens de marca, como os perfumes do Boticário, as mochilas da Company, a calça *beggy* da Zoomp, o tênis da New Balance. Esses artigos começaram a povoar o meu imaginário, mas estavam muito longe da minha realidade financeira.

Aos 19 anos, consegui meu primeiro emprego com carteira assinada e salário fixo e, no ano seguinte, meu primeiro financiamento: um microcomputador financiado pela Caixa Econômica Federal, em 18 parcelas mensais. Aos 22 anos, convenci a minha mãe a financiar a entrada do meu primeiro carro, um Fiat Pálio 98, motor 1.0, sem ar-condicionado, cujo saldo devedor foi parcelado em 48 vezes, com muito juros. Nesse mesmo período, me mudei para a capital da Bahia, onde experimentei meu lado superconsumista e compradora compulsiva.

### 3 - Como afundei minha vida em dívidas

Minha ida para Salvador ocorreu por ocasião de uma promoção recebida no trabalho. Fui morar em um pensionato localizado na área nobre da cidade. Na época, as pessoas que chegavam do interior ou de outros estados do país cultivavam esse hábito até conseguir se estabelecer na cidade. Foi um período de "liberdade" para a menina que acabara de descobrir a cidade grande. Baladas faziam parte da minha rotina de todo final de semana, roupas de grife e acessórios de "luxo" me levaram a utilizar o cartão de crédito e talões de cheque, sem limites. Achava sofisticado realizar pagamentos com cheques e isso me dava uma falsa sensação de poder e aceitação. Com esse comportamento, eu ignorava totalmente o saldo em conta bancária para cobrir os gastos, que eram muito elevados.

Não satisfeita com meu *status quo*, aluguei um apartamento no bairro vizinho e fui morar sozinha. Lá era o ponto de encontro das amigas, onde nos reuníamos para comemorações e, claro, tudo inteiramente financiado por mim.

As minhas decisões de consumo eram tomadas inteiramente com base na emoção. Isso costuma acontecer quando há uma mudança importante em nossa vida e foi exatamente o que havia ocorrido comigo. Além de me mudar de uma cidade do interior para uma capital cheia de sedução, estando totalmente vulnerável aos gastos e aos prazeres proporcionados por eles.

**4 - Depois do luxo, a dor, a vergonha e a superação**

No final de 2005, a conta chegou. Comecei a receber a cobrança dos credores e já não havia limite no cartão de crédito nem na conta bancária, para bancar as festas. Tive que entregar o apartamento, locado em área nobre, e vender grande parte dos móveis. Voltei para um pensionato, agora em um bairro menos glamouroso.

Foi uma época em que evitava a todo custo conhecer o volume total das minhas dívidas. Tinha muita vergonha e resistia em assumir para os mais próximos a minha situação econômica. Meu salário não era ruim, mas por causa das dívidas, que eram muitas, não sobrava praticamente nada, não havia controle e nem gestão das minhas finanças pessoais.

Em 2007, recomecei a vida em Vitória da Conquista, cidade do interior da Bahia, voltando a trabalhar para o meu primeiro empregador. A única coisa que trouxe da capital foi o meu carro e algumas roupas. Em menos de um ano morando na cidade, conheci meu esposo, na época namorado, e ele foi fundamental para a mudança da minha mentalidade com o dinheiro, além de me ajudar a encontrar um caminho para a quitação das dívidas.

Para comprar a nossa casa, precisávamos de uma carta de crédito, e por essa razão não poderia ter restrições em meu nome. Foi nessa época, início de 2008, que reuni forças para levantar o montante das dívidas e com a ajuda do meu noivo consegui fazer os acordos com os credores, renegociar as dívidas e recuperar o crédito. Em 2009, compramos o imóvel onde moramos até hoje.

**5 - Como conseguir sair de um cenário de endividamento**

Não foi fácil. Estava em um estado de impotência e frustração imensa, tinha saído de uma jornada de ascensão financeira e perdido tudo, inclusive a minha dignidade. Nesse caminho, utilizei cinco medidas que foram essenciais para a minha saída definitiva do endividamento:

5.1 - Conheça o tamanho do problema - É libertador quando você adquire coragem para conhecer o tamanho das suas dívidas e tudo que as envolve. A ausência de acompanhamento das finanças pessoais é o principal causador de desequilíbrios financeiros, portanto, é fundamental conhecer não só o quanto é devido aos credores, mas também os juros que você está pagando em cada um dos casos. Fugir desse momento não fará as dívidas desaparecem, muito pelo contrário, você pagará juros mais altos e levará mais tempo para se livrar desse cenário. Quem não exerce o controle sobre as dívidas termina tendo a vida controlada por ela.

5.2 - Tome a decisão de mudar - As armadilhas de consumo são muito tentadoras e você precisa estar convicto de usar o seu dinheiro de forma racional. Para isso, crie mecanismos para se defender das tentações do marketing, como deixar de seguir algumas páginas de redes sociais, desinstalar aplicativos de e-commerce do seu celular, cancelar inscrições de e-mail marketing para não receber as tais "ofertas imperdíveis" na sua caixa de entrada etc. Após tomar essas medidas de autoproteção, decida assumir o controle do seu orçamento e da direção da sua vida financeira.

5.3 - Mude de ambiente e se afaste das tentações - Para se defender das tentações, não se exponha a elas. O ambiente exerce uma grande influência sobre a nossa tomada de decisões. Um exemplo claro disso é o processo de reeducação alimentar. A dieta requer disciplina enquanto o organismo se adapta a sua nova maneira de se alimentar. Com as finanças não é diferente, também é um processo de reeducação. Enquanto você ainda não está mentalmente fortalecido e adaptado à nova rotina financeira, se expor a ambientes que favorecem o estímulo ao consumo é nocivo e extremamente perigoso até que esteja preparado, psicologicamente, para os efeitos dessas novas escolhas.

5.4 - Monitore todos os seus gastos - Essa é a principal função do controle: entender qual caminho o dinheiro está seguindo. Mesmo que você tenha noção sobre quais categorias de gastos os seus recursos são mais consumidos, não se compara a conhecer, de fato, o quanto você gastou em cada categoria. Conhecendo os seus hábitos de consumo, fica mais fácil tomar as decisões inteligentes sobre onde e com o que gastar o seu dinheiro.

5.5 - Tenha um mentor - Talvez esse seja um dos principais conselhos que eu tenha para te dar no processo de recuperação da dignidade financeira. Encontre alguém que você confie e que possa verdadeiramente ajudá-lo. No meu caso, meu noivo, hoje esposo, exerceu esse papel que foi fundamental para a minha virada de chave.

6 - Use a contabilidade como aliada nessa jornada - Como contadora, sei da importância de ter os números como aliados. Uma vida bem-sucedida financeiramente está diretamente relacionada a sua capacidade de dominar as emoções e exercer o controle sobre os seus desejos imediatos. Aplicando os conceitos da contabilidade na gestão das finanças pessoais, você será capaz de acompanhar as mutações sofridas pelo seu patrimônio, a partir da análise criteriosa das demonstrações de fluxo de caixa e do balanço patrimonial pessoal. Por fim, a Demonstração de Resultado do Exercício (DRE) fará você enxergar com clareza o resultado do seu desempenho financeiro em um dado período.

Use a contabilidade para gerir as finanças pessoais ou orçamento familiar, assim como a aplicamos no controle patrimonial das grandes corporações. E para isso não há uma alternativa, senão uma boa gestão financeira, tendo o controle das receitas e despesas como principal mecanismo para exercer o protagonismo sobre as finanças.

Quer saber mais sobre como aplicar a contabilidade nas finanças pessoais? Entre em contato comigo através das redes sociais ou mande um e-mail. Será um prazer conhecer você e poder lhe ajudar nessa caminhada rumo à autonomia financeira. Até lá!

“

**O monitoramento assíduo das receitas e despesas é a principal forma de manter o controle sobre o seu dinheiro.**

GRAZIELA MOTA

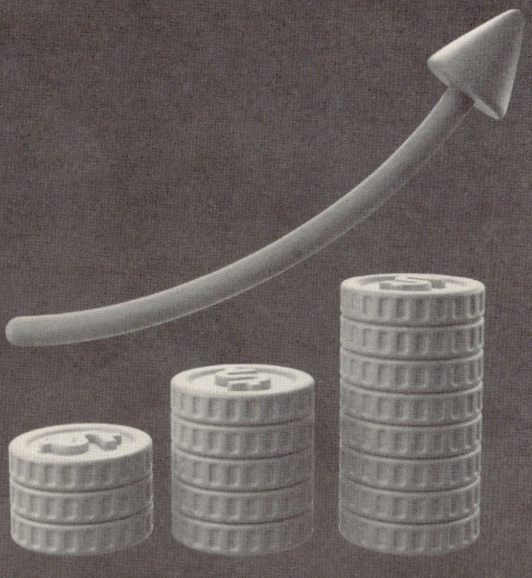

# GUILHERME ANNONI

Muito prazer, o meu nome é Guilherme Annoni. Tenho 33 anos, sou casado, pai da Melinda e moro em Balneário Camboriú/SC.

Sou empresário desde os 17 anos, quando abri a minha primeira loja. A partir daí foram oito lojas abertas, entre marca própria e franquias, como Billabong, Bob's e Aleatory. Aos 27, resolvi mergulhar em uma paixão: o mercado financeiro. Em 2020, criei a empresa Para Sempre Investidor, que tem como propósito ensinar as pessoas a investirem no exterior, com segurança, eficiência e inteligência, bem como dar consultorias na área de finanças pessoais e comportamentais.

Sou formado em Administração, pós-graduado em Finanças e Investimentos pela PUC/RS e especialista em Decisões de Investimentos e Finanças Comportamentais por Chicago e Harvard/EUA.

guilherme.annoni

guilherme.annoni

ADEUS, DÍVIDAS

ESTRATÉGIAS PRÁTICAS PARA CUIDAR DO SEU DINHEIRO

# 18 COMO SE BLINDAR CONTRA OS GOLPES FINANCEIROS

POR GUILHERME ANNONI

Imagine esta cena: uma pessoa está sentada em um caça-níqueis, em Las Vegas. Ela já se encontra quase que em transe, apenas aguardando para apertar o botão e realizar a próxima jogada. O seu dinheiro real já terminou, então ela insere o cartão de crédito na máquina, dando aos caça-níqueis um fluxo de dinheiro quase inesgotável. Eis que acontece algo surpreendente! Ao realizar uma jogada, a pessoa, quase incrédula, se vê diante do "Jack pot" (sigla para o ganhador do prêmio). Então, a sua máquina começa a fazer barulho, seguida de um show de luzes, enquanto pessoas ao seu redor a abraçam e comemoram junto, e boa parte do cassino passa a olhar para você como um grande jogador, um verdadeiro campeão. Afinal, **nenhuma pessoa** espera **ganhar dinheiro** como prêmio.



## Finanças comportamentais

Este é um assunto fascinante e uma das coisas que mais gosto de estudar. Eu quero começar este capítulo explicando algo que afeta diretamente todos nós e que ninguém está livre desta sensação: a **dopamina**. Ela é um neurotransmissor que atua em diversas regiões do cérebro como um mensageiro químico. Sua ação influencia as nossas emoções, aprendizado, humor e atenção. Ela é considerada um dos hormônios do bem-estar. Guarde bem essa última informação, pois ao longo do capítulo muita coisa começará a fazer sentido.

Uma das formas que a dopamina gosta de se revelar é quando o assunto é dinheiro. Quero mostrar como a dopamina reage no corpo em dois cenários envolvendo o ganho de dinheiro. O primeiro exemplo se refere à descarga de dopamina em nosso corpo, à medida que sei quanto e quando irei receber alguma coisa. Alguns exemplos podem ser caracterizados como uma venda (vendi hoje uma casa e sei que em 30 dias vou receber o pagamento) ou ao comprar um título de renda fixa pré-fixada. Nestes dois casos, o dia em que o pagamento entra na conta, ou seja, o dia da confirmação do fato, os níveis de dopamina são elevados em **quatro vezes**. E mesmo sabendo quando iria receber, torna-se bem prazeroso quando chega esse dia.

Por outro lado, quando nos deparamos com ganhos totalmente inesperados, o nível de dopamina em nosso corpo aumenta consideravelmente, chegando a ser **quarenta vezes** maior. Isso significa que experimentamos uma sensação de prazer que é **dez vezes** mais intensa do que a que teríamos em um ganho esperado. Além disso, ela vem acompanhada de uma elevação do hormônio que nos proporciona bem-estar, resultando em um estado de alegria, leveza e sensação de controle.

Começou a entender melhor por que pessoas caem em golpes como do bilhete premiado, apostas e *day trade*?

Quero trazer agora um estudo do psicólogo e laureado prêmio Nobel em economia, Daniel Kahneman. Em um dos seus experimentos, ele propôs essas duas equações:

1ª) 8 x 7 x 6 x 5 x 4 x 3 x 2 x 1.

2ª) 1 x 2 x 3 x 4 x 5 x 6 x 7 x 8.

Qual você acha que resulta no número maior?

Embora o resultado seja **igual** para ambas, Kahneman descobriu que existe uma maior probabilidade de pessoas que escolhem a segunda equação como maior. Isso ocorre por um motivo psicológico e não racional, conhecido como "viés de recência", um dos vieses estudado pela economia comportamental.

O nosso cérebro tende a dar maior peso e atenção às informações mais recentes que captamos, ignorando um pouco o início das coisas, para poupar energia. Sabemos que nosso cérebro é preguiçoso e faz de tudo para trabalhar em piloto automático. Assim, ele registra que 6 x 7 x 8 é maior que 3 x 2 x 1 e tende a responder que a segunda equação é maior, pois é onde nossa última atenção estava. Percebe agora a importância da alegação final de um júri? Serão os últimos argumentos a serem captados pelos jurados.

**Evite ser enganado novamente**

Pessoas são constantemente enganadas por indivíduos mais instruídos e que exploram essa vantagem para benefício próprio. Golpes financeiros podem ser devastadores para famílias, independentemente de sua situação financeira. Todos estão vulneráveis a eles. Contudo, há um ditado que ressoa: "Onde há informação, há libertação". Vamos aplicar isso na prática.

Quero apresentar um conceito chamado de ordem das grandezas dos números. E eu já aviso que é por esse motivo que as pessoas caem tanto em golpes e pirâmides financeiras. Os primeiros números (1, 2 e 3) são facilmente menosprezados – na sua real grandeza – por serem os primeiros. O que as pessoas percebem é que para você ir de uma rentabilidade de 1% ao mês para 2% ao mês, por exemplo, você precisa **dobrar** essa rentabilidade. A mesma coisa acontece quando vamos de 1% para 3%. É natural termos uma percepção que esse aumento de 1 para 3 é pequeno e não representa risco algum. Afinal, quem promete 1 pode prometer 3, não é mesmo? Errado, pois estamos falando de uma rentabilidade composta de **três vezes mais**.

É curioso notar que essa dinâmica não se aplica da mesma forma a números maiores. Por exemplo, ao passar de uma rentabilidade de 7% para 8%, o aumento deste 1% não resulta em uma duplicação ou triplicação do rendimento. A variação nesse caso é muito menos significativa.

Agora, considerando esse ponto, imagine uma pessoa sem experiência em investimentos sendo abordada por alguém persuasivo, que ofereça retornos mensais de 1%, 3% ou 5%. Não seria natural para essa pessoa (sem conhecimento) achar que esses valores são praticamente iguais? No entanto, é evidente que não são, e apresento a tabela abaixo para mostrar o que, de verdade, são retornos de 1%, 3% e 5% ao mês.

| **Anos/Retorno** | **1%** | **3%** | **5%** |
|---|---|---|---|
| **1** | 5.634 | 7.129 | 8.979 |
| **5** | 9.083 | 29.458 | 93.396 |
| **10** | 16.502 | 173.555 | 1.744.560 |
| **20** | 54.463 | 6.024.263 | 608.697.869 |
| **30** | 179.748 | 209.108.120 | 212.381.977.043 |

A tabela exemplifica um investimento único de R$ 5.000,00.

Vamos imaginar que uma empresa abordou o Sr. Paulo e ofereceu a ele um investimento pagando 5% ao mês. Porém, ele deveria esperar 30 anos para sacar. O Sr. Paulo acredita na empresa, faz o aporte inicial e aguarda o tempo passar. Quando ele retorna à empresa que prometeu tais retornos para sacar o seu dinheiro, o Sr. Paulo fica perplexo. Aquele pequeno valor de 5 mil reais se transformou em 212 bilhões de reais. Esse valor equivale a 2% de todo o Produto Interno Bruto (PIB), ou seja, as receitas geradas pelo Brasil em 2023.

Responda com sinceridade a essa pergunta: se a empresa mostrasse para você essa tabela e dissesse que ao investir somente R$ 5.000,00 durante 30 anos – período médio que uma pessoa trabalha até se aposentar – você teria mais de 200 bilhões de reais, você acreditaria? Você não pensaria que é um golpe? Não viria coisas na sua cabeça como "quando a oferta é demais, o santo desconfia"?

É importante ressaltar que todos os números apresentados na tabela são fundamentados matematicamente e compreender esses cálculos é o que pode protegê-lo contra possíveis golpes. Pense comigo: alguém bem-apresentado, eloquente, aparentemente conhecedor do assunto, prometendo um retorno de apenas "5%" (lembre-se da escala dos números), tem uma probabilidade maior de fazer você acreditar nele do que se apresentassem uma tabela dessa, mostrando o real retorno.

O perigo reside no fato de que essas pessoas, muitas vezes, focam a pequena porcentagem, como os "5% ao mês", desviando sua atenção da complexidade e dos riscos por trás do investimento. Assim que passamos a compreender o poder dos juros compostos, nos protegemos contra possíveis armadilhas.

### Dizer a verdade nem sempre é popular

Em uma das minhas palestras sobre finanças, reservei um momento para abordar os golpes financeiros. Em um slide específico, destaquei o número 10%. Expliquei que esse número representa o retorno médio anual das maiores empresas dos Estados Unidos, desde 1929. Pare e pense comigo agora: se as empresas mais importantes e inovadoras do mundo têm um retorno médio anual de 10%, qual a chance de não ser golpe, de uma empresa que acabo de conhecer, me oferecer um retorno muito maior?

Após a minha apresentação, um dos organizadores me disse: "Guilherme, na próxima vez não mostre esse slide do 10%". Perguntei por que e ele explicou: "Notei que quando você mostrou o número 10%, as pessoas perderam o interesse porque acharam o retorno baixo demais". Naquele momento, eu entendi a mensagem que ele quis me passar. Respirei fundo e apenas agradeci a observação. No meio de tantos golpes e escândalos financeiros, soa realmente estranho quando alguém sobe num palco e diz a verdade. Mostrar com dados e estatísticas qual o real retorno que a mercado traz. E, com certeza, isso frustra algumas pessoas, aquelas que querem buscar o ganho rápido.

Vou ilustrar na prática o que estou dizendo com o último exemplo deste tópico. Você sabia que o maior investidor do mundo, Warren Buffett, tem uma rentabilidade média mensal de 1,52%? Isso representa um pouco mais de 19% ao ano. Porém, estamos falando do investidor mais renomado de todos os tempos. O Pelé dos investimentos. Portanto, é crucial prestar atenção redobrada a qualquer oferta que prometa retornos superiores a isso. Dessa forma, tenho certeza de que você estará protegido contra diversos golpes.

**Conclusão**

O nome desta obra é *Adeus, dívidas!* E eu, como mentor financeiro que já ajudei inúmeras pessoas e empresas a saírem desta situação, posso afirmar o quão ruim é estar com dívidas. Evitar os golpes financeiros vai te possibilitar ter uma vida muito mais confortável e segura. Pois é sabido que cair em um golpe em determinado momento da sua vida pode ter consequências devastadoras. Portanto, é fundamental evitar a ganância nos investimentos e nas decisões financeiras. A ganância pode levar as pessoas a tomarem decisões impulsivas e arriscadas, buscando retornos excepcionais em curto prazo, sem considerar os riscos envolvidos.

Vimos neste capítulo que a ganância obscurece o julgamento racional, levando as pessoas a ignorarem sinais de alerta e acreditarem em promessas irrealistas. Assim, cultive uma mentalidade equilibrada e focada na gestão prudente do dinheiro, priorizando a segurança e o crescimento sustentável, ao invés de buscar lucros rápidos a qualquer custo.

**Referências**

KAHNEMAN, Daniel. *Rápido e devagar*: duas formas de pensar. São Paulo: Objetiva, 2012.

LIRA, Roberto de. PIB do Brasil fica estável no 4º trimestre e fecha 2023 com expansão de 2,9%. *InfoMoney*. Disponível em: https://www.infomoney.com.br/economia/pib-do-brasil-fica-estavel-no-4o-trimestre-e-fecha-2023-com-expansao-de-29/. Acesso em: 9 jun. 2024.

MAVERICK, J. B. S&P 500 Average Return and Historical Performance. *Investopedia*. Disponível em: https://www.investopedia.com/ask/answers/042415/what-average-annual-return-sp-500.asp. Acesso em: 9 jun. 2024.

“

**Não deixe pessoas tirarem proveito da sua ingenuidade financeira. Não deixe a ganância falar mais alto. Lembre-se: o conhecimento liberta.**

GUILHERME ANNONI

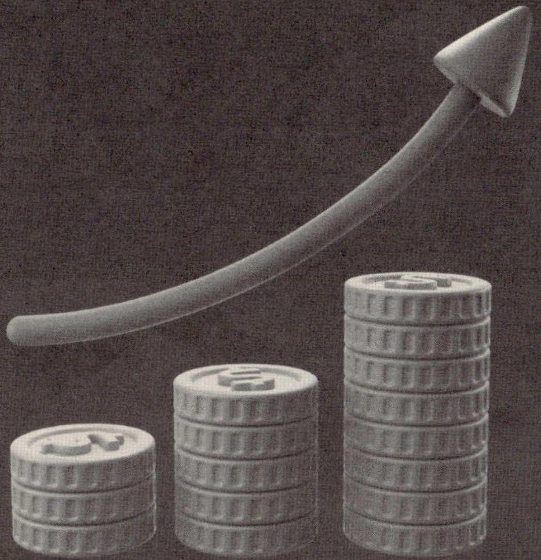

# ISABELA LEAL

Muito prazer! Sou Isabela Leal, natural do Rio de Janeiro e moro em Brasília há alguns anos. Aqui criei raízes, me casei e tive meus dois filhos. Aqui também vivenciei minhas experiências profissionais mais relevantes e foi na paixão pelos números que encontrei minha verdadeira vocação.

Sou formada em Administração de Empresas, sócia da WMI Contabilidade e da Lumers Gestão Financeira. O meu propósito é atender o público que mais precisa de apoio na gestão de seus negócios: micro e pequenos empresários. E isso se tornou uma missão de vida.

Além disso, sou palestrante, consultora e mentora financeira de empresários que estão prontos para escutar o que os números dos seus negócios estão dizendo.


bpofinanceirobrasilia

+55 (61) 4141-1796

https://www.lumersbpo.com.br

contato@lumersbpo.com.br


ADEUS, DÍVIDAS

ESTRATÉGIAS PRÁTICAS PARA CUIDAR DO SEU DINHEIRO

# 19 O PAPEL DO CRÉDITO NAS FINANÇAS

POR ISABELA LEAL

Você já ouviu falar de crédito como algo ruim? Algo que prejudica a saúde financeira? O crédito, na verdade, é uma vantagem, um benefício para aqueles que podem utilizá-lo para cobrir necessidades ou mesmo para realizar sonhos sem comprometer o orçamento familiar ou empresarial.

O perigo está em fazer empréstimos sem cálculos prévios, sem examinar o orçamento e sem estabelecer um plano para quitar a dívida. O que poderá resultar em pagamento de juros elevados ou em assumir parcelas que agravem a situação financeira.

Especificamente em 2023, tive a oportunidade de atender mais de cinquenta empresários que buscavam identificar as linhas de crédito disponíveis no mercado que fossem mais adequadas para o que eles pretendiam em seus negócios e qual o caminho que deveriam seguir. Foram mais de mil horas de consultoria prestada, especialmente de crédito e finanças para empresas. E que bom que eles procuraram ajuda antes de recorrer ao banco!

Uma vez que a tomada de crédito indiscriminada apresenta riscos significativos, é preciso ter clareza da situação financeira em que você se encontra, da real necessidade, das soluções possíveis e já planejar como será feito o pagamento do crédito, a fim de evitar problemas financeiros, como inadimplência, falência ou perda de patrimônio.

O crédito pode ser definido como a capacidade de obter bens ou serviços agora, com a promessa de pagar por eles no futuro, acrescido de juros e talvez outras taxas. Ele proporciona que indivíduos, empresas e governos alcancem objetivos financeiros que de outra forma seriam mais difíceis de alcançar. Os recursos financeiros podem ser utilizados para diversos fins, tais como investimentos, expansão de negócios, compra de bens, quitação de dívidas, entre outros.

Durante as consultorias, pude identificar que nem sempre a tomada de crédito era a melhor opção para o empresário para aquele momento específico. Por vezes, pequenos ajustes fariam com que a empresa se organizasse financeiramente. Ou ainda, que o crédito não traria o retorno esperado e poderia comprometer a capacidade de pagamento da empresa e, consequentemente, gerar uma possível inadimplência.

Com base nos dados do Mapa da Inadimplência e Renegociação de Dívidas divulgado pelo Serasa em abril de 2024, é preocupante observar que o Brasil enfrenta um cenário desafiador no que diz respeito à inadimplência. Com cerca de 73,42 milhões de endividados no país, o montante total das dívidas atinge a marca de R$ 394,3 bilhões, o que comprova ainda mais a necessidade de uma análise cuidadosa antes da tomada de crédito[1].

De forma a fugir dessa estatística, nas consultorias, fazemos uma análise cuidadosa para identificar a real necessidade de recursos financeiros, da capacidade de pagamento e das ofertas de crédito disponíveis para o perfil de cada empresa e, só depois, orientamos a recorrer aos bancos para iniciar o processo de contratação da linha mais adequada.

Como pessoa física, a tomada de crédito pode contribuir em muito para aumentar a qualidade de vida familiar desde que não comprometa a segurança financeira e não cause impacto significativo no orçamento.

Podemos utilizar o crédito para:

- Adquirir bens de alto valor como imóveis, veículos, eletrodomésticos e eletrônicos.
- Realização de sonhos e projetos como viagens, intercâmbios, cursos de aperfeiçoamento.
- Equilibrar o orçamento possibilitando distribuir custos de grandes despesas em parcelas ao longo do tempo.

Como pessoa jurídica, o crédito pode ser uma ferramenta estratégica para impulsionar o crescimento, aumentar a competitividade e viabilizar a realização de projetos e investimentos para alavancar o negócio.

1 SERASA. Mapa da Inadimplência e Negociação de Dívidas no Brasil. Disponível em: https://www.serasa.com.br/limpa-nome-online/blog/mapa-da-inadimplencia-e-renogociacao-de-dividas-no-brasil/. Acesso em: 12 jun. 2024.

Algumas das vantagens do uso do crédito nas empresas incluem:

- Investimento em crescimento por meio da expansão de instalações físicas, aquisição de bens e equipamentos, visando impulsionar a produtividade e a oferta de produtos e serviços.
- Aproveitamento de oportunidades que surgirem no mercado, como a compra de estoque com desconto, participação em eventos importantes do setor sem comprometer seu capital de giro, contribuindo, assim, para a manutenção da estabilidade financeira da empresa.
- Construção de histórico de crédito que pode facilitar a obtenção de condições mais vantajosas em empréstimos futuros e fortalecer a credibilidade junto a fornecedores e parceiros comerciais.
- Flexibilidade financeira para as empresas lidarem com variações sazonais de demanda, ciclos de pagamento de clientes e fornecedores ou investimentos em inovação e tecnologia.

Ao observar os pontos acima, pode parecer realmente tentador correr para o banco e solicitar o crédito, pensando em todas as oportunidades que ele pode gerar, não é verdade? Ainda mais que o crédito está a apenas um clique de distância, graças à tecnologia, que possibilita a contratação de algumas linhas pelo aplicativo do banco. Ou até mesmo utilizar o limite que já foi disponibilizado no cheque especial da sua conta corrente ou cartão de crédito.

Mas certos cuidados precisam ser tomados antes desta decisão para não cometer alguns erros que podem comprometer seu orçamento. Abaixo seguem os erros mais comuns que observamos durante as consultorias:

- **Decidir por impulso:** faça a si mesmo algumas perguntas antes de tomar a decisão: "Eu realmente quero? Eu realmente preciso? Eu realmente posso?". Fazendo essas perguntas, talvez o impulso já diminua pela reflexão racional sobre o que de fato importa para você.
- **Não pesquisar alternativas:** existem diversas alternativas de crédito no mercado. Cada uma com uma finalidade específica e com condições próprias. Não avaliar as possibilidades pode custar caro para você ou para o seu negócio.
- **Uso indevido do cheque especial:** quando utilizado de forma descuidada, pode ser extremamente oneroso. Por ser uma saída mais conveniente, rápida e sem burocracia, seu custo é elevado e seu uso deve ser

considerado apenas em caso de valores baixos e por um pequeno período. Quanto mais fácil o acesso ao crédito, mais caro ele se torna. O melhor é evitar esta linha.

- **Uso do crédito rotativo do cartão de crédito:** conhecido como o maior vilão das finanças e por ser a mais cara opção de crédito, a alternativa ideal é não usar. A evolução dos juros do crédito rotativo é similar a uma bola de neve descendo da montanha, com uma gigante avalanche criada no caminho. Caso esta seja a sua situação, respire e acredite: tem saída para isso. Avalie a possibilidade de contratar um empréstimo, com taxas de juros menores, no valor total do saldo devedor do crédito rotativo. Dessa forma, você trocará uma dívida galopante por outra de compromissos mensais conhecidos e com uma taxa de juros controlada.

- **Permitir o acúmulo de dívidas:** quando observar que poderá passar por dificuldades no pagamento de suas obrigações, pare imediatamente e comece a elaborar um plano de ação. Caso o atraso seja iminente ou já esteja ocorrendo, entre em contato com seu credor para buscar alternativas viáveis. Se necessário, avalie a possibilidade de obter um empréstimo com taxas de juros mais baixas do que as associadas à inadimplência. Agir prontamente é crucial para não adentrar em opções de crédito onerosas e evitar comprometer ainda mais sua estabilidade financeira.

### Crédito consciente

O crédito não será um problema quando utilizado com a consciência dos riscos envolvidos. No livro *Como organizar sua vida financeira*, de Gustavo Cerbasi[2], encontramos algumas perguntas que você deve fazer a si mesmo antes de contratar qualquer modalidade de crédito para aproveitá-lo da maneira adequada, como:

- **Minha necessidade pode esperar?** Em caso afirmativo, aguarde ter a quantia necessária para comprar o bem à vista e ainda assim negocie um desconto por escolher esta modalidade de pagamento. Caso contrário, se for uma emergência ou situação única em que precise de empréstimos, considere também as questões abaixo antes da contratação.

- **Analisei todas as opções de crédito adequadas à minha situação?** Evite contratar a primeira oferta que aparecer. Lembre-se de que geralmente o crédito mais acessível também é o mais caro.

2 CERBASI, Gustavo. *Como organizar sua vida financeira*. Rio de Janeiro: Sextante, 2015.

- **Após escolher o tipo de crédito, analisei a simulação dos pagamentos?** Faça uma simulação de todos os pagamentos para poder comparar com outras opções disponíveis. Desta forma, você poderá optar pela alternativa com parcelas mais condizentes com seu orçamento.

- **O custo adicional valerá a pena?** Você perceberá que o custo da aquisição dos bens por meio de financiamentos pode dobrar ou até triplicar em função do custo de oportunidade. No entanto, trazer mais conforto e segurança para família ou ainda adquirir um bem que pode aumentar o seu retorno financeiro, não tem preço.

- **A parcela assumida cabe no meu orçamento?** Parece óbvio, mas é fundamental lembrar que seus compromissos devem estar dentro do seu orçamento, de forma a não gerar a necessidade de recorrer a empréstimos adicionais. Mesmo que você consiga um financiamento vantajoso e de baixo custo, se alguns meses depois estiver recorrendo ao cheque especial, toda a vantagem inicial terá desaparecido.

Independentemente se a tomada de crédito é para utilização na pessoa física ou na jurídica, é essencial usá-lo de forma responsável e consciente. Tenha clareza quanto a destinação do valor pretendido, da linha que mais se adequa ao seu objetivo, faça comparações observando limites, carências, taxas de juros, exigência de garantia e sempre avalie a sua capacidade de pagamento.

Agora que você conhece mais o papel do crédito nas finanças, poderá analisar com cautela as ofertas de crédito disponíveis no mercado antes de tomar sua decisão. No site do Banco Central do Brasil (https://www.bcb.gov.br), você poderá realizar simulações de financiamentos bem como acompanhar as atualizações de taxas geralmente utilizadas nas operações de crédito.

Não hesite em buscar a ajuda de especialistas, caso precise de mais orientações. Lembre-se de que a tomada de crédito consciente trará a segurança financeira que você ou seu negócio precisam.

“

**Usar o crédito de forma consciente é ter um aliado na conquista de seus objetivos pessoais ou dos objetivos do seu negócio!**

ISABELA LEAL

# JOENICE DINIZ

Meu nome é Joenice Diniz, natural de Londrina/PR, onde resido com minha família. Filha do Josué e da Cleonice. Mãe da Giovana e da Júlia e esposa do Nilson, com quem divido minhas experiências.

Sou consultora financeira, professora, escritora e bancária. Com os meus mais de cem mil alunos e atendimentos, descobri o meu real propósito: ajudar a transformar a vida das pessoas para melhor, disseminando meu conhecimento, seja como for.

Possuo quatro graduações, pós-graduação, mestrado e certificação em Investimentos. Adoro dançar e sorrir. Acredito na força contagiante da alegria e do pensamento positivo e no poder transformador do conhecimento.

joenicediniz

+55 (43) 99672-0607

Joenice Diniz

Acerte Seu Bolso

acerteseubolso@gmail.com

ADEUS, DÍVIDAS

ESTRATÉGIAS PRÁTICAS PARA CUIDAR DO SEU DINHEIRO

# 20 ACERTE SUA VIDA COM A AJUDA DE UM PROFISSIONAL

POR JOENICE DINIZ



Quase 80% das famílias brasileiras estão endividadas, segundo dados coletados em abril de 2024 da Pesquisa de Endividamento e Inadimplência do Consumidor (Peic), divulgada pela Confederação Nacional do Comércio de Bens, Serviços e Turismo (CNC)[1]. Desses endividados, quase 30% estão inadimplentes. Em termos representativos, dizemos que a cada 10 famílias brasileiras, 8 têm dívidas e 3 delas não conseguem pagá-las. Essa tem sido a taxa média de endividamento das últimas décadas, com ligeiro aumento ano a ano. Se você não faz parte dessa estatística, com certeza conhece alguém que faz.

Devido ao alto índice de inadimplentes, isso tem sido considerado "quase que normal", e aí está o grande problema: a normalidade do endividamento. A priori não há problema quando se está na normalidade. Fato é que estar endividado e pior, inadimplente, vai te trazer uma série de problemas, sim, os quais podem resultar em consequências não só financeiras, mas também emocionais e de relacionamento para o resto da vida. A solução é identificar o problema e resolvê-lo o mais rápido possível. E mais que isso, entender a real causa do endividamento que, muitas vezes, se esconde por trás de crenças, costumes, hábitos ruins, emoções, entre outros.

Veja as dez principais consequências do endividamento:

1. **Pressão financeira -** O endividamento pode criar uma pressão financeira significativa, especialmente se as dívidas forem altas e os pagamentos mensais forem difíceis de serem feitos.

2. **Capacidade de pagamento nula -** Quanto maiores suas dívidas, mais parcelas e menor a capacidade de pagamento, a ponto de não ter mais

1 FURLAN, Mariana. Endividamento das famílias é de quase 80%. *Serasa*. 23 mai. 2023. Disponível em: https://www.serasa.com.br/limpa-nome-online/blog/endividamento-no-brasil/. Acesso em: 12 jun. 2024.

condições de assumir nenhuma responsabilidade, inclusive para acontecimentos inesperados como um problema de saúde, por exemplo.

3. **Pagamento de altas taxas de juros -** Quanto mais você deve, maior o risco para o credor e consequentemente maiores as taxas de juros, o que pode, em muitos casos, triplicar sua dívida.

4. **Restrições financeiras -** O endividamento pode limitar as opções financeiras de uma pessoa, tornando mais difícil obter crédito adicional ou fazer investimentos importantes.

5. **Impacto no crédito e realização dos seus sonhos -** O não pagamento das dívidas pode resultar em uma queda na pontuação de crédito, o que pode dificultar a obtenção de crédito no futuro.

6. **Restrição no nome/CPF -** Cadastro do seu nome/CPF no Serviço de Proteção ao Crédito (SPC), Serasa, CADIN dependendo da dívida, o que pode fazer com que cesse seu crédito de uma vez por todas, inclusive com perda de limites etc.

7. **Ameaças legais -** Em casos extremos, os credores podem recorrer a medidas legais para recuperar seus créditos, o que pode resultar em processos judiciais e outras consequências legais.

8. **Bloqueios ou perdas de bens -** Credores em alguns casos podem pedir o bloqueio e até a transferência de posse de bens e propriedades. Se estes estiverem como garantia na operação de crédito, a perda é quase que certa.

9. **Estresse e ansiedade -** Lidar com dívidas pode ser extremamente estressante e leva a problemas de saúde mental, como ansiedade e depressão.

10. **Impacto nas relações -** O endividamento excessivo pode causar tensão nas relações pessoais, especialmente se os parceiros financeiros não estiverem alinhados quanto às prioridades financeiras e ao gerenciamento das dívidas. Problemas financeiros aparecem como a segunda maior causa de divórcios no país.

Agora, a pergunta que não quer calar: Se existem todas essas consequências, por que as pessoas continuam se endividando cada vez mais? Dentre as mais variadas respostas, poderíamos citar algumas principais:

- Estar em um ciclo vicioso;
- Falta de educação financeira;

- o Pressão social para manter um padrão de vida;
- o Facilidade de acesso ao crédito;
- o Consumismo excessivo;
- o Expectativas irreais sobre sua capacidade de pagamento;
- o Acontecimentos inesperados;
- o **Achar que consegue sair sozinho(a) das dívidas.**

E é no último item que está o ponto crucial deste capítulo: a importância de um **profissional capacitado** não só para negociar suas dívidas, mas também para descobrir a real causa do endividamento e ensiná-lo de uma vez por todas como nunca mais se endividar, e o melhor a fazer, caso isso ocorra.

Lidar com dívidas pode ser esmagador, mas um profissional qualificado pode fornecer orientações e estratégias para ajudá-lo a se libertar do fardo delas. Reduzir dívidas com a ajuda de um profissional é sempre uma ótima ideia, especialmente se estiver enfrentando dificuldades para lidar com suas obrigações financeiras.

Entre as possíveis nomenclaturas deste profissional, a mais comum é consultor financeiro. Há os consultores financeiros especialistas em investimentos e os consultores financeiros especialistas em organização financeira. Pode ser que também se identifiquem como *coaching* ou mentor financeiro.

No meu caso, na mídia em geral, me apresento como consultora financeira, mas logo no primeiro contato já deixo claro a atuação como "terapeuta financeira", por conta do trabalho desenvolvido com o cliente, não apenas de consultoria/organização financeira, mas também identificando padrões de comportamento em relação ao dinheiro, os quais refletem diretamente nos problemas financeiros enfrentados, como gastos excessivos, falta de planejamento financeiro, dificuldade em lidar com dívidas, crenças limitantes, aprendizados familiares, meio atual, entre outros.

Entendo que apenas tratar o problema, no caso, a dívida, será uma questão de tempo para voltar a se endividar novamente. Assim como quando a pessoa está com excesso de peso; apenas emagrecer será um "estado momentâneo", mas fazê-la identificar e mudar os hábitos que a fizeram ter excesso de peso será a solução para não só emagrecer, mas nunca mais engordar.

Ou seja, o processo de consultoria, para que seja completo, exige do profissional mais do que conhecimentos em finanças, mas vivência, domínio e percepção do comportamento do seu cliente. É entender de fato quais as raízes do descontrole financeiro, que, muitas vezes, vem disfarçado de desemprego, problemas no relacionamento, parceiro descontrolado, emprego que paga mal, despesas inesperadas, azar, ter sido enganado por alguém, entre as mais variadas desculpas existentes.

Não que estes fatos não possam ter ajudado você a se descontrolar financeiramente, com certeza ajudaram, mas enquanto não assumir a responsabilidade do que acontece com você, as coisas só vão piorar.

Resumindo: alguns fatos realmente não estão no seu controle, mas a maneira como você reage a eles está.

**Consultor financeiro: seu guia para a liberdade financeira**

Um consultor financeiro é um aliado valioso na sua jornada para quitação de dívidas. Somos especialistas em ajudar pessoas a administrarem suas finanças e criar planos personalizados para que elas alcancem a liberdade financeira.

Em uma negociação de dívida, por exemplo, é importante abordar vários pontos para garantir um acordo justo e sustentável, e é exatamente onde entra a atuação mais importante do consultor financeiro. O conhecimento e a experiência adquirida de anos o ajudarão nesta jornada. Veja os principais pontos a serem considerados em uma negociação:

- Valor inicial e atual da dívida;
- Taxa de juros;
- Análise do CET (Custo Efetivo Total);
- Prazo considerado;
- Capacidade de pagamento;
- Possibilidades de renegociação;
- Troca de um crédito por outro tipo;
- Taxas de renegociação;
- Taxas de abertura de crédito;
- Possíveis seguros embutidos nos empréstimos;
- Negociações com o jurídico;
- Possibilidades legais;
- Prioridades de pagamento;
- Restrições financeiras.

Somente um profissional especializado terá o *know-how* necessário para lidar com todas essas possibilidades acima, considerando sua experiência. Pedir ajuda a um consultor para a renegociação de suas dívidas pode ser a diferença entre pagar um terço do valor que pagaria em menos tempo do que imagina e ficar a vida inteira devendo, ou ainda pagar de três a cinco vezes mais.

Já se convenceu? Ainda não? Então se liga neste *case*: você precisa comprar uma casa nos próximos seis meses. Possui diversas linhas de créditos à sua disposição, inclusive consórcio. Veja as possibilidades: financiamento imobiliário a um CET de 12% ao ano. Crédito consignado à taxa de 1,1% ao mês, CDC veículo à taxa de 0,95% ao mês, consórcio a uma taxa de 0,15% ao mês (taxa de administração total de 30%). Diga-me: qual a melhor linha a ser utilizada para a compra da casa?

Quer saber a resposta? Aí vai a minha análise depois de mais de 25 anos de experiência: todas as respostas podem ser válidas, a depender da sua situação atual: valor de entrada, intenção de prazo de pagamento e justificativa emocional plausível. Mas uma coisa eu digo: escolher a alternativa errada pode ser a diferença entre pagar até três vezes mais que o valor contratado, ficar com o imóvel alienado e perder outras oportunidades de negócio, o que poderia gerar ainda receita em ganho de capital. Então, como escolher o certo para você? Contratando alguém com real domínio para analisar todos os dados e ajudá-lo a tomar a melhor decisão.

O consultor o ajudará a criar um plano financeiro abrangente, identificar áreas em que você possa economizar e desenvolver estratégias para pagar suas despesas de forma eficaz. Ele analisará sua situação financeira atual, incluindo suas dívidas e despesas, e o ajudará a desenvolver um plano realista para pagá-las. Resumindo, fornecerá orientação sobre como economizar dinheiro, investir com sabedoria e se preparar para um futuro mais seguro. Mais que isto, é o seu **guia** para evitar dívidas, o auxiliando na construção da sua liberdade financeira e, consequentemente, da sua tão sonhada independência financeira.

"

**Dificuldades financeiras são escolhas pessoais. Você decide tê-las quando ignora a importância do conhecimento.**

JOENICE DINIZ

# KARLA BELOMO

Meu nome é Karla Soares Belomo. Sou cristã, advogada de formação, educadora financeira por vocação, empreendedora por opção e bailarina nas horas vagas.

Trabalhei por doze anos no mundo corporativo, na área de Recursos Humanos, e em 2010 passei a trabalhar como servidora pública na área jurídica.

Comecei a atuar na área financeira ajudando conhecidos, porém isso logo acabou virando uma profissão que abracei como propósito de vida. Tenho para mim que o dinheiro é apenas um meio, não o objetivo final.

Amo ensinar, dançar, cuidar da minha saúde, viajar e viver novas experiências.


**karlabelomo**

**+55 (41) 98859 1207**

**Karla Belomo**

**www.karlabelomo.com**

**contato@karlabelomo.com**


ADEUS, DÍVIDAS

ESTRATÉGIAS PRÁTICAS PARA CUIDAR DO SEU DINHEIRO

21

# EVITE DÍVIDAS E REALIZE SONHOS

POR KARLA BELOMO



Nasci em uma família simples, com poucos recursos financeiros. Meu pai era técnico em telefonia e minha mãe, dona de casa. As necessidades básicas como alimentação, moradia, vestuário, saúde, educação e segurança foram supridas por meus pais, sem luxo nenhum. Tive uma infância digna e saudável, ter um lar amoroso foi fundamental para meu desenvolvimento emocional, psicológico e social.

Não cresci frequentando restaurantes, mas refeições caseiras temperadas com afeto eram constantes. Almoços aos finais de semana com avós, tios e primos eram deliciosos e divertidos.

Morei na mesma casa, na periferia de Curitiba, até me casar e sair. Ela tinha cinco cômodos, todos pequenos: o quarto dos meus pais, um quarto que eu dividia com minha irmã, um banheiro, uma sala e uma cozinha. Nessa casa também tinha uma garagem. Ah, essa garagem! Tinha uma rede para gente se balançar, brincar e até dormir.

Por anos, a garagem se transformava num baile. Os adultos dançavam ao som das músicas da radiola enquanto as crianças corriam e brincavam entre os casais. Lembrando e revendo fotos, me pergunto como cabia tanta gente num espaço tão reduzido! Familiares mais distantes também eram convidados e acolhidos com carinho.

A garagem também foi salão de festas. Quantos aniversários foram comemorados ali. A decoração era feita apenas com balões e o cardápio normalmente era o mesmo: torta salgada de liquidificador, patê de atum servido em pão fatiado e gelatina de vários sabores, bem coloridas, distribuídas em pequenos copinhos de plástico. Um bolo para cantar parabéns e assoprar as velas, e balinhas de coco embrulhadas em papel de seda para finalizar.

Ah! A garagem também abrigava um automóvel: um carro popular com avarias e que, muitas vezes, quebrava no meio da rua, mas ainda era mais confortável e rápido do que transporte público.

Com esse veículo também fizemos algumas viagens de curta distância. Às vezes, no verão, passávamos uma semana na praia. Ficávamos em *campings*, hospedados em barracas. Dormir era o de menos, o que importava mesmo era passar o dia no mar e fazendo castelos de areia. Outras vezes, íamos para o interior do Paraná visitar parentes que moravam lá.

Viajar era exceção. Nas férias, o ordinário era assistir à Sessão da Tarde, brincar com amigos, subir nas árvores dos vizinhos e fazer guerrinha de semente de nêspera – aquela ameixa amarela.

Com a volta às aulas, a rotina se estabelecia novamente. Usávamos uniforme, o que era ótimo, pois assim preservávamos um pouco mais as roupas "de sair", que eram tão poucas. Nos pés, um par de chinesinho, aquele tênis tipo All Star branco, com uma estrelinha azul, que vinha do Paraguai.

Educação era uma prioridade na minha casa, eu e minha irmã estudamos numa escola particular como alunas bolsistas. Logo, tirar notas baixas não era uma opção. Além dos conteúdos pedagógicos, a escola ensinava princípios cristãos, o que era muito importante para minha mãe, e valores que influenciaram positivamente a formação de caráter dos alunos. A bolsa de estudos foi mantida até o fim, por sermos alunas estudiosas e comportadas, na maioria das vezes.

Pelos bons hábitos e alimentação saudável, tínhamos boa saúde. Tivemos algumas doenças comuns da infância, como sarampo e catapora. O trabalho do meu pai oferecia assistência médica, então não éramos dependentes unicamente do SUS.

Eu me sentia segura na minha casa, sabia que minha família iria me proteger. Apesar das dificuldades, eu tinha segurança no meu lar em todas as áreas.

O tempo passou, a infância acabou e muita coisa mudou. Bem-vindos à vida adulta! Com ela, vieram novos desafios e grandes responsabilidades.

Começaram a chegar boletos em meu nome e outras obrigações financeiras.

Não tive educação financeira em casa nem na escola. Não havia internet nem cursos gratuitos, infelizmente. Ai se eu soubesse, desde criança, da mágica dos investimentos, das maravilhas que os juros compostos podem fazer... Por ignorância, fui refém de gerentes de bancos, que ofereciam produtos que precisavam vender para bater suas metas e não as minhas. Intuitivamente, eu seguia minhas vontades e hoje vejo que não me enganei tanto na área bancária.

Contudo, nunca deixei de sonhar, mesmo quando meus sonhos estavam muito distantes da minha realidade. Sempre acreditei que nada é impossível para Deus e segui firme no meu propósito. Cada vitória era uma afirmação de que estava no caminho certo e cada derrota uma motivação para seguir lutando. Minha disciplina foi a ponte entre objetivos e realizações. Aproveitei o processo do meu jeito.

Pela falta de dinheiro, tive que usar a criatividade inúmeras vezes para alcançar o que eu queria com as opções que eu tinha. Por exemplo: voltar para casa a pé para economizar o vale-transporte e usá-lo como moeda de troca, bordar meu próprio figurino para uma apresentação de dança, customizar uma roupa para ir em uma festa à fantasia, usar dos meus poucos dotes culinários para cozinhar algo simples e gostoso para fazer um jantar romântico numa data especial e confeccionar um cartão à mão para dar de presente.

Meu primeiro contato com a educação financeira foi através de um livro do Gustavo Cerbasi[1] que pedi emprestado a uma amiga. Ao ler a obra, percebi que muitas coisas que o autor ensinava eu fazia naturalmente. Eu não gastava além do que ganhava. Assim, minhas despesas não eram maiores que minha receita; se eu queria algo mais caro esperava juntar o dinheiro para somente depois efetuar a compra. Todos os meses, eu guardava uma porcentagem do meu salário para eventuais imprevistos. Só depois descobri que isso se chamava reserva de emergência.

Esse livro me despertou para o mundo das finanças, e a partir daí não parei de estudar sobre o tema. Felizmente, o mundo mudou com a evolução tecnológica e passamos a ter mais acesso à informação. Li muitos livros,

1 O livro em questão é: CERBASI, Gustavo. *Casais inteligentes enriquecem juntos*: finanças para casais. Rio de Janeiro: Sextante, 2014.

de vários autores, fiz diversos cursos, enfim, consumi muito conteúdo e estou sempre me atualizando.

A habilidade financeira inata me ajudou muito. Entretanto, com os conhecimentos específicos acelerei muito meus resultados. Passei de poupadora a investidora e o dinheiro virou meu aliado na realização de sonhos.

Sei que muitos não possuem essa habilidade – dados mostram que cerca de 80% dos brasileiros estão endividados[2]. Mas é possível adquirir essa aptidão. É possível, não significa que seja fácil. Com um pouco de dedicação você consegue mudar significativamente sua vida financeira. Garanto que vale a pena! Mas você tem que querer e a decisão é só sua.

Educação financeira não é apenas sobre economizar ou guardar dinheiro, mas sobre fazer escolhas. Exige paciência e constância. Pequenas economias acumuladas fazem uma diferença enorme ao longo do tempo. Muitas vezes, temos que fazer muito esforço, mas realizar um sonho não tem preço!

Sonhos. Já realizei vários deles, graças a Deus. Com esforço e dedicação, terminei a faculdade, comprei um carro zero, assisti a vários shows incríveis; fiz uma festa de aniversário memorável aos 30 anos, casei-me apaixonada e vestida de noiva, em uma cerimônia linda e com recepção para família e amigos, minha lua de mel foi num cruzeiro pelo Caribe; conheci a Disney; fui aprovada em concursos públicos, tornei-me servidora pública e, uma das coisas mais importantes para mim, viajei muito. Estive em mais de cinquenta países e meu objetivo é conhecer todos.

Li certa vez que viajar é acumular experiências através das janelas dos nossos olhos. Concordo plenamente. Já conheci tanta coisa legal. Belezas naturais, artificiais, culturais... todas foram importantes e ofereceram diferentes experiências e perspectivas sobre o mundo em que vivemos. Que Aquele que me trouxe até aqui me permita realizar mais sonhos, tenho muitos outros, a lista é infindável.

2 SERASA. *Mapa da Inadimplência e Renegociação de Dívidas*, mar. 2024. Disponível em: https://cdn.builder.io/o/assets%2Fb212bb18f00a40869a6cd42f77cbeefc%2F9dfaed005e5745798c70c400a4ee1ba6?alt=media&token=1042f728-a6e6-46e2-b4cf-15e0b16ba037&apiKey=b212bb18f00a40869a6cd42f77cbeefc. Acesso em: 12 jun. 2024.

Hoje, me permito frequentar restaurantes caros, escolher o prato que estou com vontade, e não o mais barato; comprar roupas pela qualidade, e não pelo preço; usar sapatos, bolsas e acessórios que combinam com meu estilo, e não por estarem em liquidação; moro em um condomínio clube, num apartamento que paguei à vista, comprado por ser um bom negócio, com excelente assimetria, e não pela necessidade de ter casa própria; dirijo um automóvel SUV, seguro e confortável, que adquiri 0 km mas já percorreu longas distâncias, fiz várias viagens em segurança com esse carro; tenho convênio médico, porém faço alguns procedimentos que não têm cobertura e "tá tudo bem". Tudo isso por opção, e não por necessidade de aprovação ou para suprir alguma emoção. Esses são só alguns exemplos de como o dinheiro facilitou minha vida em alguns aspectos, não uma forma de ostentação.

Meus resultados chamaram a atenção de pessoas próximas, que conheciam minha história, sabiam de onde eu vim e aonde cheguei licitamente. Algumas tiveram condições muito melhores que as minhas, mas obtiveram muito menos conquistas. Passei a receber muitas perguntas, comecei a responder e, consequentemente, a orientar aqueles que se interessavam pelo assunto, despretensiosamente. Percebi que eu tinha muito a ensinar e que meus conhecimentos ajudariam a todos que estão dispostos a aprender.

Queria oferecer algo diferenciado, então optei por uma mentoria em que, além das aulas gravadas, tivesse um encontro semanal *on-line* com meus alunos para tirar dúvidas e acompanhar o processo. Como mentora, utilizo minhas experiências para transmitir instruções, conselhos e ensinamentos para os mentorados, entendendo dificuldades, necessidades e objetivos de cada um.

Você precisa ser para ter. Pergunte-se: "Quem eu preciso me tornar para ter a vida que eu desejo?". Dedique mais do seu tempo às pessoas e às coisas que fazem seu olho brilhar. Pode ser difícil no início, mas será gratificante alcançar seu objetivo.

A minha autonomia foi construída com maturidade, autoconhecimento e, claro, flexibilidade financeira. Essa construção leva um tempo, mas liberta!

Lembre-se de que todo problema financeiro tem solução, mas para isso você tem que se colocar em movimento. Se precisar de ajuda, estou à disposição.

> Minha autonomia foi construída com maturidade, autoconhecimento e, claro, flexibilidade financeira. Essa construção leva um tempo, mas liberta!
>
> KARLA BELOMO

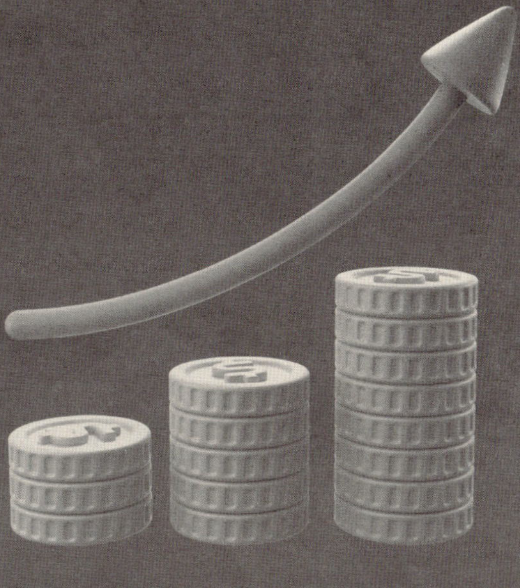

Nicole Custódio

# KASSIA SILVEIRA BORGES

Sou Kassia Silveira Borges, casada, nasci em Criciúma/SC e resido em Balneário Rincão/SC.

Formada em Administração e pós-graduada em Gestão Empresarial, trabalhei por muitos anos em instituições financeiras, até me especializar em mudar a vida de pessoas endividadas.

Venho de uma geração marcada pela ausência de educação financeira e foi na dor que aprendi a necessidade de valorizar meu dinheiro. Atualmente, celebro mais de 1.500 horas de atendimentos individuais e em grupos, com atuação em diversos estados no Brasil e no exterior.

Aos 30 anos, tenho minha independência financeira conquistada e celebro isso ensinando outras pessoas a chegarem lá.


kassia.financas

+55 (48) 99827-6294

Kassia Silveira

contatokassiafinpro@gmail.com


ADEUS, DÍVIDAS

ESTRATÉGIAS PRÁTICAS PARA CUIDAR DO SEU DINHEIRO

# 22 ESTRATÉGIAS VENCEDORAS PARA SE LIBERTAR DAS DÍVIDAS

POR KASSIA SILVEIRA BORGES



A falta de educação financeira no Brasil é alarmante. De acordo com Serasa, em março de 2024 atingimos ao incrível número de 72 milhões de brasileiros endividados[1]. Este dado evidencia a necessidade urgente de reformular a educação financeira em nosso país.

Este capítulo visa a ser um guia, oferecendo não apenas um diagnóstico das finanças, mas também apresentando métodos práticos que ninguém conta para mudar a sua realidade financeira.

Você está prestes a conhecer algumas das minhas estratégias para se libertar das dívidas. Essas estratégias aplicadas deram aos meus alunos fôlego necessário para se libertarem das dívidas. Vem comigo?

**O problema nunca foi o dinheiro**

Não é incomum encontrar pessoas vivendo em negação de sua realidade financeira, endividadas com bancos, familiares e agiotas que se comportam ou fingem como se estivesse tudo bem.

Mesmo para as pessoas bem-intencionadas, o amargo lembrete de estar "no vermelho" é naturalmente "remediado" com uma dose de novas despesas. Shopping, lazer, restaurantes ou festas podem até bloquear estes pensamentos, mas não se engane, o efeito passa rápido e as consequências são imediatas.

O problema se intensifica quando a situação afeta a saúde. O endividamento combinado com a vergonha de buscar orientação acaba com sérios problemas de insônia, ansiedade ou depressão. Como agravante, estas condições colaboram com fim de relacionamentos e intensificam conflitos familiares.

1 SERASA. *Mapa da Inadimplência e Negociação de Dívidas no Brasil*. Disponível em: https://www.serasa.com.br/limpa-nome-online/blog/mapa-da-inadimplencia-e-renogociacao-de-dividas-no-brasil/. Acesso em: 12 jun. 2024.

No caso de agiotas, em situações extremas, pode haver perseguições.

**Desintoxicação**

De maneira prática, costumo comparar o endividamento a um vício, pois o processo de libertação passa pelas mesmas fases, que se resumem a **Reconhecer o problema, buscar ajuda e desintoxicação.**

Para sair das dívidas, você deverá primeiramente assumir que está endividado, buscar ajuda e assim iniciar o processo de desintoxicação. Se já reconheceu seu endividamento, fico feliz, pois este capítulo fornecerá a ajuda necessária. A seguir, apresento as três fases do processo que chamo de "desintoxicação financeira".

**Fase 1 - Dor/medo:** a eliminação de dívidas inicia com um diagnóstico financeiro detalhado e sincero. Recomenda-se o uso de planilhas ou cadernos para listar: dívidas, credores, tipos de dívida, parcelas e saldo devedor.

Registre suas fontes de renda (entradas), despesas fixas (saídas mensais) e despesas variáveis (lazer, assinaturas etc.). Também analise gastos no cartão de crédito. Compare sua renda com todas as despesas e encontre os gastos desnecessários e gastos de "estilo de vida" não essenciais – geralmente estão no cartão de crédito. **Corte imediatamente estes gastos**, isso vai gerar um fôlego financeiro importante para as próximas etapas.

Lembre-se do que lhe trouxe até aqui: **dívidas**! Pode ser que nesta fase você não durma uma noite ou fique pensativo e ansioso, mas se acalme, vamos agir logo.

**Bônus:** ao final deste capítulo, disponibilizarei um QR Code que vai levá-lo ao meu perfil do Instagram. Comente no *direct* da rede social *Adeus, dívidas!* e enviarei, de graça, uma planilha que será um recurso valioso nesta etapa.

**Fase 2 - Tornar-se íntimo do seu dinheiro**: você sabia que afirmações negativas que ouvimos sobre dinheiro em nossa criação, mencionadas por familiares e amigos, como "não traz felicidade" ou "é a raiz de todos os males" podem moldar negativamente nossa mentalidade financeira? **Sim!** Você pode estar programado, desde a infância, a se desfazer do dinheiro, mesmo ganhando muito bem.

Não se preocupe, pois é possível reprogramar a sua mente praticando exercícios de afirmações positivas sobre dinheiro. Fale em voz alta:

- "Eu mereço prosperidade."
- "Estou destinado(a) a viver uma vida de abundância."
- "O dinheiro chega até mim de maneiras esperadas e inesperadas."

Comprometa-se com esta prática diária durante quinze dias seguidos e atualize sua mentalidade, encorajando hábitos financeiros saudáveis.

**Fase 3 - Ataque às dívidas:** após analisar suas despesas e receitas, cortar os gastos desnecessários e praticar a mudança da sua mentalidade sobre dinheiro, o passo seguinte é a definição do orçamento.

Anote isto: **um orçamento bem-feito aliado à estratégia certa viabilizará seu futuro livre das dívidas.** Para isso, apresentarei a seguir quatro estratégias secretas e comprovadas em minhas mentorias, que provavelmente nunca foram mencionadas em sua educação formal ou pelo seu gerente bancário, e que vão ajudar a liquidar as suas dívidas.

**Estratégias secretas**

**1) Renovação -** Contratação de um novo empréstimo com juros menores para quitar um empréstimo de juros mais altos.

- **Exemplo:** você possui cheque especial/cartão de crédito fora de controle, mas tem limite de crédito no banco. Você poderá analisar os juros desta operação para liquidar as outras dívidas e ficar com apenas uma parcela.
- **Pontos positivos:** evita a inadimplência, elimina ligações de cobrança e pode resultar em dinheiro extra.
- **Pontos negativos:** requer aprovação prévia, comprometimento contínuo com pagamentos mensais, mantendo o orçamento restrito.

**2) Quem dá mais -** Transferência de dívida para outra instituição financeira, comum em casos de empréstimos consignados ou financiamentos.

- **Exemplo:** você possui um crédito consignado em uma instituição e pode avaliar a possibilidade de transferir para outra instituição, com taxas menores. Isso pode ajudar a diminuir o valor de parcela.
- **Pontos positivos:** preserva a regularidade de pagamentos, evita cobranças e pode oferecer condições mais favoráveis.
- **Pontos negativos:** dependente da aceitação por outra instituição, exige compromisso com pagamentos mensais, mantendo o orçamento limitado.

**3) União -** Consolidação de diversas dívidas em um único contrato.

- **Exemplo:** você possui alguns empréstimos na mesma instituição e solicita ao banco fazer uma união de dívidas e, se possível, prolongar o prazo para reduzir o valor das parcelas.
- **Pontos positivos:** centraliza dívidas em uma única parcela, evitando a inadimplência e facilitando o controle financeiro.
- **Pontos negativos:** exige gestão financeira rigorosa e pode comprometer significativamente o orçamento em caso de imprevistos.

**4) Junta agora e paga depois -** Pausar o pagamento de dívidas para renegociação futura.

- **Exemplo**: está sem recurso e optou por correr o risco de pausar o pagamento das dívidas? Acalme-se, tem solução. Neste caso está sobrando dinheiro, mas como **você não é caloteiro(a)**, você sabe que a sobra pertence à estratégia de liquidação de dívidas.

Sugiro direcionar 20% das sobras para emergências e 80% para as dívidas. Uma dica é não renegociar logo no início, economize uma quantia para uma boa negociação. Lembre-se: as decisões cabem a você, entendendo a sua capacidade financeira e de negociação.

Liste suas dívidas em ordem crescente do saldo devedor total para saber qual priorizar. Pagar dívidas menores primeiro pode animar você, mas atenção às dívidas com garantia de imóvel ou carro. Neste caso, atrasos podem gerar apreensão do bem, por isso seja cauteloso nos critérios.

Importante: avalie atentamente as consequências nos pontos negativos. Se necessário, procure aconselhamento profissional.

- **Pontos positivos:** permite pagamento reduzido de juros e flexibilidade na escolha do plano de pagamento dependendo da instituição financeira e seus contratos.
- **Pontos negativos:** resulta em inadimplência temporária, sujeita a cobranças e possíveis ações judiciais.

Embora pareça de fácil aplicação, é fundamental destacar que escolher uma estratégia não garante solução sem a correta aplicação das primeiras duas etapas da "desintoxicação financeira". O sucesso depende do conjunto de ações e, principalmente, da **capacidade de transformar teoria em prática**.

Se você chegou até aqui, realmente quer mudar sua realidade. Como recompensa, compartilharei um **bônus** de três dicas contratuais para acelerar seus resultados.

- **Proteção salarial -** Ao optar pela estratégia 4, verifique se sua situação financeira junto à instituição pagadora do seu salário está segura. Caso contrário, o banco pode debitar automaticamente valores de dívidas do seu salário. Para maior proteção, considere abrir uma conta salário, que oferece mais segurança contra débitos automáticos, inclusive de outras dívidas já descontadas do salário.
- **Venda casada -** Como ex-bancária revelo que atingíamos metas vendendo produtos adicionais, como seguros e consórcios, junto a operações de crédito dos clientes, muitas vezes sem sua escolha explícita. É seu direito analisar e decidir sobre a inclusão desses produtos no seu crédito, ou até exclusão dos mesmos.
- **Seguro prestamista -** A indenização do seguro é concedida em casos como morte, invalidez, doença grave, entre outros. Sua contratação é opcional. Você tem a liberdade de manter o seguro, solicitar o estorno ao seu gerente ou via SAC da instituição, especialmente se acredita que o reembolso será benéfico em momentos difíceis.

**Tomada de decisão**

Embora o caminho pareça doloroso, agir é a única chave para a mudança. Com base na experiência que adquiri ao longo dos anos com endividados, posso assegurar que o suporte adequado acelera significativamente sua jornada rumo à liberdade financeira.

Se você assumiu que está endividado e buscou ajuda neste livro, sugiro que execute imediatamente meus três passos para a "desintoxicação financeira". Tenho certeza de que isso vai mudar sua vida assim como mudou a dos meus alunos que hoje desfrutam de uma vida sem dívidas.

Se enfrentar dificuldades ou se sentir emocionalmente despreparado para esta jornada, não perca a esperança. Abaixo, você encontrará um QR Code que direciona para meu perfil profissional. Comente no *direct* do Instagram *Adeus, dívidas!* que, além de você ganhar a minha planilha exclusiva, terei o prazer de entrar em contato para conversarmos. Juntos, podemos superar esse desafio. Boa sorte!

“

**Não importa o quão grande seja sua dívida, sempre haverá uma maneira para conquistar sua paz financeira.**

KASSIA SILVEIRA BORGES

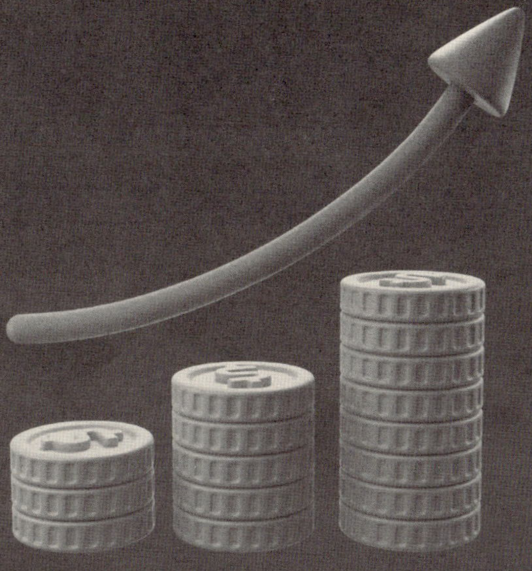

# LUÍZA FÁZZIO

Prazer, sou Luíza Fázzio e escrevo da cidade do Rio de Janeiro/RJ. Desde 2020, dedico-me intensamente a estudar finanças, aprofundando-me em suas diversas áreas correlatas. Sou apaixonada por educação financeira e poder contribuir com meu conhecimento neste capítulo é uma concretização dessa paixão.

Atuo como planejadora financeira pessoal e familiar, atendendo pessoas de todo o Brasil, inclusive brasileiros que moram no exterior. No meu dia a dia, ajudo indivíduos e casais a atingirem seus objetivos financeiros por meio de um planejamento construído em conjunto.

Espero poder contribuir ainda mais com sua jornada de capacitação financeira. Boa leitura!

**luiza.fazzio.financas**

**+55 (21) 99620-5200**

**Luíza Fázzio**

**www.luizafazzio.com.br**

**ola@luizafazzio.com.br**

# 23 EDUCAÇÃO FINANCEIRA COMO CAMINHO PARA A LIBERDADE

POR LUÍZA FÁZZIO

Há menos de dez anos eu jamais imaginaria que estaria escrevendo um capítulo sobre educação financeira, especialmente em um livro dedicado a dívidas. Muito menos suspeitava que estaria dedicando minha carreira a ajudar pessoas a construírem um planejamento financeiro. Às vezes, reflito sobre como tudo isso começou.

Eu não dominava as terminologias e conceitos do mercado, mas quando chegou o momento de gerir minha própria casa e, consequentemente, uma estrutura financeira mais robusta, senti a necessidade de buscar mais conhecimento e, aos poucos, iniciei minha jornada na educação financeira, que, para minha surpresa, levou-me a iniciar uma nova carreira.

Minha intenção não é lhe convencer a se tornar um especialista no mercado e/ou fazer uma transição de carreira. Longe disso. Nas próximas páginas, quero trazer algumas reflexões sobre a importância da educação financeira em sua vida e alguns conceitos básicos que, na minha percepção, são fundamentais para quem quer começar a desbravar essa área tão temida.



**Capacitar-se ou buscar um profissional?**

Talvez você não tenha tido interesse em se capacitar antes, pois sempre recorreu a um profissional do mercado para orientá-lo(a) nos momentos de dúvidas. O gerente do banco, o assessor da corretora, o consultor de investimentos, o corretor de seguros ou até mesmo o *youtuber* que fala de finanças. No entanto, quantas vezes você de fato se sentiu confiante e seguro(a) com a informação passada, ou questionou se ela era realmente correta ou a melhor para o seu caso? E já se perguntou se o profissional, mesmo sendo qualificado, priorizou os seus interesses ao invés dos dele?

O primeiro ensinamento que quero compartilhar com você, caro(a) leitor(a), é: "não existe almoço grátis", ou seja, no mercado financeiro, nada é de graça. É preciso estar atento(a) aos possíveis ganhos ocultos que esse profissional está tendo, principalmente quando você não paga diretamente a ele. Frequentemente, recebemos ofertas "imperdíveis" de gerentes e assessores, mas o quanto ou o que estão ganhando para nos trazer essas oportunidades?

Por exemplo, quando abrimos uma conta em um banco ou corretora, automaticamente temos um gerente ou assessor dedicado a nos orientar nas demandas da plataforma. Quando eles nos trazem as oportunidades sem nem mesmo pedirmos, muito provavelmente estão tentando bater as metas impostas pela empresa e ganhar a comissão pela venda fechada. Não necessariamente aquele produto, seja um investimento, um empréstimo ou um seguro, será o melhor para você. Por outro lado, quando pagamos pelo trabalho de um profissional, como a consultoria de um consultor de investimentos ou um planejador financeiro, mitigamos esse conflito de interesse.

Antes de encerrar essa primeira reflexão, quero frisar que trouxe exemplos gerais e que não quero, de forma alguma, desmerecer ou desrespeitar os outros profissionais do mercado. No entanto, o modelo de remuneração de bancos e corretoras aos seus funcionários tende a criar um ambiente que leva a uma atuação pouco responsável com o cliente. Também não significa que você não deva procurar por esses profissionais quando sentir necessidade. Porém, escolha profissionais que tenham sido – de preferência – recomendados por pessoas de confiança; esteja atento(a) aos possíveis interesses desses profissionais e pondere se a sugestão faz sentido para você.

**Conceitos essenciais que todos deveriam saber**

Antes de você querer entender tudo sobre o mercado financeiro e ser um(a) exímio(a) investidor(a) – o ápice quando falamos de finanças –, é preciso aprender o básico sobre como funciona o mercado e a economia do Brasil. Sem uma base, você não consegue construir um conhecimento sólido.

Apenas dois conceitos já te ajudarão a desenvolver uma fundação mais consistente para esse conhecimento. Eles são o Índice Nacional de Preços ao Consumidor Amplo (IPCA), popularmente conhecido como inflação, e taxa Selic, amplamente denominada como taxa básica de juros do Brasil. Arrisco dizer que você, com certeza, já ouviu falar desses dois conceitos, mesmo sem entender sua importância. Mas, a seguir, vou explicá-los de uma forma bem simples.

- **A temida inflação**

A inflação é a diferença (positiva ou negativa) dos preços de bens e serviços ao longo de um determinado período. Se você viveu na década de 1980 e 1990, provavelmente sabe bem o que isso significa, pois os ajustes nos preços eram diários. Mais recentemente, entre 2020 e 2023, durante o período da pandemia covid-19, também vivenciamos um aumento expressivo da inflação. Na prática, isso quer dizer que se você ia ao supermercado com R$ 100 e comprava dez itens, muito provavelmente hoje, com a mesma quantia e comprando exatamente os mesmos produtos, você terá que tirar algum item da lista, pois os preços estarão mais altos. Inflação demonstra que temos perdas no nosso poder de compra ao longo do tempo.

E como você pode se proteger da inflação? Infelizmente, temos pouco controle sobre a variação dos preços dos bens e serviços, mas é preciso estar sempre atento(a) ao ajuste salarial, ou seja, a cada ano seu salário deve ser corrigido pelo índice IPCA. Se você recebe um salário-mínimo, esse reajuste acaba sendo feito pelo governo, segundo a Lei n. 14.663, de 28 de agosto de 2023. No entanto, se você é um trabalhador assalariado com renda diferente do salário-mínimo, pode observar se seu empregador tem feito reajustes no salário compatíveis com o IPCA do último ano. Por fim, se você é autônomo(a), deve fazer seu próprio reajuste no valor cobrado.

Para que você aprofunde um pouco mais o conhecimento sobre esse importante indicador, sugiro que entre no site do Instituto Brasileiro de Geografia e Estatística (IBGE), que é o responsável por esse cálculo, e busque mais informações.

- **Selic: a taxa de juros brasileira**

Desde 1999, a taxa Selic (Sistema Especial de Liquidação e Custódia) é conhecida como a taxa básica de juros do Brasil e o mais importante instrumento de política monetária para equilibrar a economia. Ela é definida a cada 45 dias pelo Comitê de Política Monetária (Copom). Seu valor serve de parâmetro para a definição de outras taxas no mercado, como taxas de juros de empréstimo, financiamentos e investimentos. Portanto, seja você uma pessoa que precisa pegar dinheiro emprestado ou investir, essa taxa irá influenciar o custo do empréstimo ou retorno do investimento.

Existem duas dinâmicas muito importantes que você precisa conhecer. A primeira é quando a taxa de juros desce, ou seja, quando o Copom a reduz, por exemplo, de 11,25% para 10,75%. Ao definir uma redução, os juros de empréstimos e financiamento tendem a baixar também, o que gera um maior interesse de pessoas e empresas a buscar crédito, que por fim proporciona um aumento no consumo. Com o tempo, a inflação tende a subir, estimulando uma nova fase dessa dinâmica que é a elevação dos juros.

Com o aumento da inflação, o Copom aumenta os juros, tornando empréstimos e financiamentos mais caros, desestimulando o consumo e consequentemente freando a inflação. Ou seja, são dinâmicas complementares que ao olharmos o histórico de inflação versus taxa Selic ao longo dos últimos anos, conseguimos perceber através dos números esse instrumento em ação. Em relação aos investimentos atrelados a essa taxa (por exemplo, CDB pós-fixado ou Tesouro Selic), quando os juros sobem, o retorno é maior; e, quando os juros caem, ocorre o contrário.

Portanto, se você tiver que se atualizar rapidamente sobre a economia, buscar o valor da taxa Selic atual já traz algumas percepções de como anda a inflação e taxas de juros do mercado. Busque pelo Boletim Focus, nome do relatório com projeções do IPCA, taxa Selic, PIB (Produto Interno Bruto) e câmbio emitido pelo Banco Central semanalmente. No mais, sugiro que aprofunde o conhecimento pesquisando sobre o tema no site do Banco Central do Brasil.

### A tríade fundamental dos investimentos

Não importa se você nunca investiu ou ainda está longe de conseguir fazer seu primeiro aporte, entender o básico sobre investimentos é essencial para não cair em golpes e promessas milagrosas de riqueza. Quanto antes você se familiarizar e se aprofundar nesses conceitos, mais seguro(a) estará para realizar seu primeiro investimento.

Independentemente dos produtos que o mercado oferece, existem três pilares fundamentais para entender qualquer investimento, o chamado tripé financeiro. O primeiro é a **rentabilidade**, que significa o retorno que você terá ao investir em determinado produto. Geralmente, a rentabilidade é medida em porcentagem no período anual. Por exemplo, a ação X rendeu 10% a.a. (ao ano). O segundo é a **segurança**, isto é, quais são os riscos atrelados ao produto financeiro que você está escolhendo que impactam diretamente seus ganhos ou perdas financeiras. E o terceiro é a **liquidez**, que pode ser traduzida como a capacidade de transformar o valor investido em dinheiro disponível para uso imediato.

Essa tríade está presente em todo investimento e cada elemento deve ser avaliado na escolha de um produto. Não existe um melhor que o outro e dificilmente conseguirá o melhor dos três em um produto financeiro. Isso significa que se você busca alta rentabilidade, provavelmente o risco é grande ou a liquidez é baixa. Contudo, se você prioriza segurança nos investimentos, provavelmente terá uma rentabilidade mais baixa e uma liquidez alta (a depender do produto). Avalie cada elemento com atenção, ponderando suas prioridades, e se sentirá mais confiante para escolher um produtor financeiro que esteja alinhado às suas necessidades.

**Está pronto(a) para dar os próximos passos?**

Espero que minhas palavras tenham sido como sementes no seu processo de educação financeira, fazendo florescer ainda mais o seu interesse. Deixei aqui, no início do capítulo, um link com materiais (QR Code) para aprofundar o conhecimento e ganhar mais confiança, rumo à liberdade financeira. Caso tenha qualquer dúvida ou interesse no meu trabalho, convido você a acessar meus canais de contato.

Obrigada por me acompanhar até aqui.

“

**O melhor investimento que você pode fazer é na sua educação financeira de qualidade, recurso essencial para sua independência e autonomia.**

LUÍZA FÁZZIO

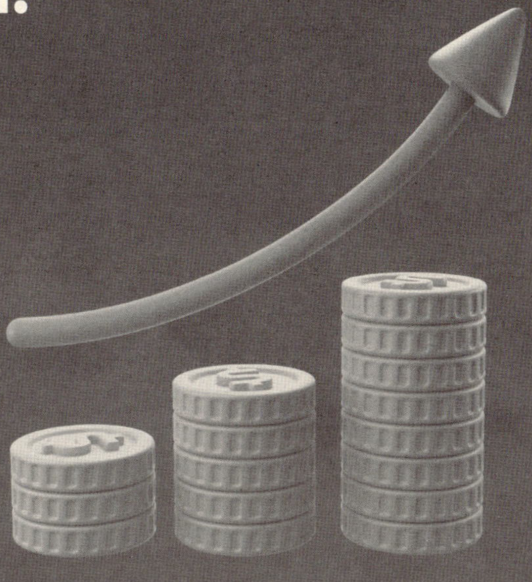

# PROF. MATEUS BUFFONE

Muito prazer, riqueza! Eu sou o Prof. Mateus Buffone, especialista em investimentos, esposo e sócio da Ana Luisa na TEM Educação Financeira.

Hoje trabalho com finanças, mas a minha formação base é outra: fui pesquisador e professor universitário de História por catorze anos. Também sou game designer (criador de jogos). Publiquei alguns jogos e cheguei a ser presidente de uma associação focada no uso de jogos para educação.

Estou contando isso para dizer que trago a visão de um educador que entende que cada pessoa é única e sabe que dinheiro vai muito além dos números. Como bom estudioso que sou, quero compartilhar com você, neste capítulo, um pouco do que aprendi sobre dinheiro e investimentos.

tem.investimentos

+55 (41) 99172-6078

tem.investimentos

www.temeducacao.com.br

# 24

# RESERVA DE TRANQUILIDADE: UM ESCUDO CONTRA DÍVIDAS

POR PROF. MATEUS BUFFONE

Riqueza, saiba que, se você está com dívidas, não está sozinha. Em março de 2024, a Pesquisa de Endividamento e Inadimplência do Consumidor revelou que 78,1% dos brasileiros possuem alguma dívida[1]. Ou seja, de cada 10 pessoas que você conhece, mais ou menos 8 estão endividadas. Calma que ainda vai piorar. No mesmo mês, a Serasa divulgou que 44,3% da população brasileira (quase metade) está com dívidas que não consegue pagar[2].

Ainda segundo a Serasa, aproximadamente 30% dessas dívidas em aberto são com cartões ou bancos, mas temos também cerca de 22% em contas básicas como água, luz e gás em atraso[3]. Isso é preocupante, pois uma coisa é dever para o banco e outra completamente diferente é não pagar uma conta essencial para a sua subsistência.

Outro ponto que não podemos ignorar é o ciclo do endividamento. A maioria das pessoas faz dívidas, corre para se livrar delas e logo em seguida se endivida novamente. É o seu caso? Conhece alguém assim?

Mas o que isso nos diz? Temos três conclusões possíveis:

1. **A falta de dinheiro não é o problema central.** Se fosse, o primeiro empréstimo teria solucionado tudo e a pessoa não se endividaria novamente.

2. **As pessoas não lidam bem com seus desejos.** Elas usam dinheiro que não possuem para satisfazer desejos imediatos sem pensar nas consequências.

---

1 PESQUISA de Endividamento e Inadimplência do Consumidor (Peic) – março de 2024. CNC. Disponível em: https://portaldocomercio.org.br/publicacoes_posts/pesquisa-de-endividamento-e-inadimplencia-do-consumidor-peic-marco-de-2024/#:~:text=A%20Pesquisa%20de%20Endividamento%20e,de%20comprometimento%20da%20renda%20do. Acesso em: 12. jun. 2024.

2 SERASA. Mapa da Inadimplência e Negociação de Dívidas no Brasil. Disponível em: https://www.serasa.com.br/limpa-nome-online/blog/mapa-da-inadimplencia-e-renogociacao-de-dividas-no-brasil/. Acesso em: 12 jun. 2024.

3 Ibidem.

3. **As pessoas não se preparam para imprevistos.** Quando eles acontecem, precisam recorrer a empréstimos para sanar a situação.

Meu foco neste capítulo é mostrar o caminho para resolver de uma vez por todas a terceira causa do ciclo do endividamento: crie uma **reserva de tranquilidade**. Só não feche os olhos para a primeira e segunda causa que apontei, você encontrará neste livro muitos ensinamentos para se blindar contra elas também.

**Como definir uma emergência?**

Falar sobre emergências é falar sobre emoções. Nos anos 70, o psicólogo Paul Ekman definiu seis emoções como sendo universais: alegria, raiva, medo, nojo, surpresa e tristeza. Essa lista foi revisada e ampliada ao longo dos anos, mas ficarei com ela para me guiar nas reflexões a seguir.

Uma emergência é uma situação grave ou perigosa e deveria ser facilmente identificável por todos, certo? Bem, não é exatamente assim. Apesar de sermos racionais, a maior parte das nossas decisões financeiras são impulsivas, motivadas por emoções que burlam o racional e que depois nem sabemos explicar. Sempre que sentir que vai tomar uma decisão financeira por impulso, tente identificar a emoção envolvida.

A reserva de tranquilidade é um valor financeiro que funciona como um escudo, que protege você quando emergências surgem. Ela é a proteção que traz a tranquilidade necessária para lidar com imprevistos, planejar passos mais ousados, investir em objetivos maiores e, especialmente, ter o controle necessário para lidar com as suas emoções em meio à batalha diária que é a vida.

A sua reserva não é "um dinheiro na conta" para você usar sempre que der vontade. Ela é o escudo que vai proteger você e sua família em situações de desemprego, baixa de renda ou transição de carreira. É para levar o seu filho ao médico quando acontecer algo que seu plano não cubra, trocar sua geladeira quando ela queimar durante uma queda de luz ou comprar um celular novo se o seu for furtado ou estragar.

Agora, pense comigo: com o que você **não** deve usar a reserva? A resposta é simples. Basicamente, para tudo que você puder se planejar. Se é possível fazer um planejamento para determinado gasto, é um sinal bem claro de que não é uma emergência, certo?

Deixe a troca do seu carro, a reforma da cozinha, a televisão nova e o presente de aniversário para o seu planejamento financeiro. A reserva é para ajudar com tudo aquilo que não for possível ser planejado.

**Determine o valor da sua reserva**

Riqueza, agora que você já entendeu para que serve e o que não serve a reserva de tranquilidade, vamos descobrir o valor que você precisa juntar nela.

O primeiro passo é pôr em prática os ensinamentos deste livro e **descobrir o seu padrão de vida**. Se você não sabe quanto precisa para passar o mês, como vai saber quanto precisa ter guardado? Com essa informação em mãos, decida se deseja usar para o cálculo o valor integral do seu custo de vida mensal ou se quer determinar um "modo emergência". Na primeira opção, você está se planejando para manter sua vida sem alterações e, na segunda, está disposta a cortar gastos não essenciais quando tiver de lidar com imprevistos.

Feito isso, vamos determinar quantos meses de custo de vida você precisa ter. Em vez de fórmulas prontas, gosto de fazer quatro perguntas para entender melhor a sua realidade. Pegue papel e caneta e anote nele as suas respostas para as perguntas abaixo. Você vai responder cada questionamento com uma nota de 1 a 3, conforme explicarei nas perguntas.

1. **Suas receitas são estáveis?** Responda **1**, se tem uma boa previsibilidade de receita, talvez por ser funcionária pública ou ser CLT em uma empresa sólida. Dê nota **2**, se existe uma certa constância, mas depende de comissões, ou se está em um emprego com pouca estabilidade. Responda **3**, se sua receita é variável, como costuma ser com pessoas autônomas ou empreendedoras.

2. **Você gera renda com facilidade?** Nota **1**, se consegue se realocar facilmente no mercado de trabalho, tem facilidade em começar negócios ou possui muitas habilidades para gerar renda extra. Nota **2**, se acredita que, com esforço e tempo, consegue um novo emprego ou faz "seus corres" para gerar dinheiro quando precisa. Nota **3**, se acha que teria dificuldade em conseguir um emprego equivalente ao que possui ou não acredita ter talento, vontade ou disposição para fazer renda extra.

3. **Possui dependentes?** Se você é solteira ou vive com alguém que também gera renda, dê nota **1**. Caso tenha filhos, pais idosos ou alguma pessoa que dependa de você, marque **2**. Responda **3**, se possui múltiplas pessoas sob os seus cuidados.

4. **Como se sente em relação a emergências e imprevistos?** Essa é a mais subjetiva das perguntas. Nota **1**, se possui um emocional sólido e reage com racionalidade e rapidez frente às rasteiras da vida. Nota **2**, caso se abale momentaneamente e precise de tempo para digerir a situação antes de conseguir agir. A nota **3** é para quem tem dificuldade de lidar com mudanças ou demora para conseguir reagir com assertividade em situações adversas.

Respondeu? Agora some as notas. O resultado é o número ideal de meses que você deveria ter de reserva de tranquilidade para estar totalmente preparada para as incertezas da vida.

Talvez você esteja pensando: "Mas, Mateus, deu um valor enorme". Tudo bem, riqueza, não se desespere. Seu foco é alcançar o primeiro mês da reserva para quebrar o seu ciclo de fragilidade financeira. Depois que tiver um mês, você pode começar a dividir o seu esforço entre outros objetivos, como quitar dívidas ou juntar para comprar sua casa. Esse primeiro mês será o seu escudo para se proteger contra novas dívidas e a sua saída do ciclo de endividamento.

**Triângulos dos investimentos**

Vamos à informação que você estava mais ansiosa: saber **onde investir** para montar sua reserva.

Aqui não tem segredo, mas para você entender de verdade por que vou indicar os investimentos que falarei a seguir, vamos trabalhar rapidinho um conceito essencial: o **triângulo dos investimentos**.

Pegue novamente aquele papel que usou para responder às perguntas de antes. Vire-o ou use um espaço em branco. Desenhe um triângulo. Na ponta de cima escreva **"Segurança"**, que é a garantia de que o investimento vai se comportar como você espera. Na ponta da esquerda escreva **"Rentabilidade"**, que é o quanto de dinheiro você vai ganhar. Na ponta da direita escreva **"Liquidez"**, que, em bom português, quer dizer a velocidade que um investimento vira dinheiro na sua mão para ser usado.

Essas são as três variáveis que qualquer investimento possui, mas leia com muita atenção: **você sempre abrirá mão de uma dessas variáveis** ao investir. Não existe investimento que tenha alta segurança, que pague muito bem e permita que use o dinheiro a qualquer hora. Se alguém está querendo empurrar algo assim para você, só existem duas opções: ou a pessoa é ignorante e não sabe o que está falando ou é um golpe. Não existe terceira opção.

Não faz sentido você abrir mão da **segurança**. Afinal, você não pode correr risco algum de não ter o valor que separou. Também não cabe deixar a **liquidez** de lado, pois imprevistos acontecem a qualquer hora. Nos resta aceitar uma **rentabilidade** menor. Quais investimentos então têm alta **segurança e liquidez**?

Sua primeira opção é investir no **Tesouro Selic**, que é um título pós-fixado emitido pelo Tesouro Nacional. Na prática, você está emprestando o seu dinheiro para o governo federal em troca de receber rendimentos. É o investimento mais seguro do Brasil, você pode sacar rapidamente e rende bem mais que a poupança. Você pode investir no Tesouro Selic por meio da maioria dos bancos ou usando uma corretora.

A segunda opção é usar um **CDB** que possua liquidez diária ou imediata (mesma coisa) e que renda entre 100% e 120% do CDI. Você encontra esse investimento em praticamente qualquer banco. Se o seu não tem, é um bom indício que você deveria usar outra instituição. Aqui você está emprestando o seu dinheiro para o banco e ele vai render a mesma coisa que o Tesouro Selic, mas é um pouquinho menos seguro. Na verdade, ele tem **exatamente a mesma segurança da poupança**.

A terceira opção são os famosos **Fundos DI**, mas você precisa abrir os dois olhos para não levar "gato por lebre". Não aceite um fundo que cobre mais do que 0,25% ao ano de taxa de administração e só invista naqueles que investem ou em Tesouro Selic ou em CDBs. O detalhe é que, dificilmente, o seu gerente ou assessor vão efetivamente mostrar isso.

**O próximo passo**

Agora que você entendeu que a reserva de tranquilidade é o seu escudo contra imprevistos e dívidas, comece hoje mesmo a poupar. Estabeleça metas mensais e acompanhe o crescimento do investimento. Se precisar de orientação personalizada, estou aqui para ajudá-lo.

Seu futuro será brilhante, tenho certeza disso!

A reserva de tranquilidade é um escudo que protegerá você contra emergências e imprevistos.

PROF. MATEUS BUFFONE

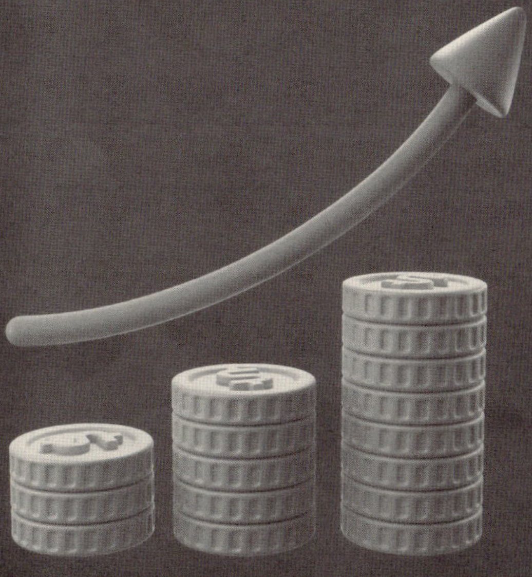

# ROBSON HENRIQUES

Sou Robson Henriques, bacharel em Engenharia da Computação, MBA em *Business Intelligence*, planejador financeiro pessoal, formado em Educação Financeira, certificado CFP® e especialista em Finanças e Perfis Comportamentais.

Atuo como planejador financeiro desde 2016, atendendo centenas de famílias em todo território nacional e formando milhares de profissionais para atuarem nessa profissão.

Criador do método Lado a Lado com suas Finanças, que estuda o comportamento financeiro e o modelo mental de dinheiro para transformação de hábitos das pessoas.

Minha missão é ajudar as pessoas a ganharem, administrarem e investirem melhor o dinheiro para proporcionar realização de sonhos e objetivos.


**henriques_robson**

**+55 (11) 99544-9898**

**robhenriks@hotmail.com**


ADEUS,
DÍVIDAS
ESTRATÉGIAS PRÁTICAS PARA CUIDAR DO SEU DINHEIRO

# 25 INFLUÊNCIAS EXTERNAS E DECISÕES FINANCEIRAS

POR ROBSON HENRIQUES

Se você já se interessou por organizar suas finanças, provavelmente encontrou muito conteúdo que traz a regra elementar: gastar menos que ganha. Visto isso, o próximo passo foi baixar ferramentas do tipo planilha, aplicativos ou qualquer forma de controle orçamentário. Pronto! Esta é a fórmula mágica. Mantenha um estilo de vida dentro das suas condições financeiras e anote fielmente todo dinheiro gasto durante o mês. Invista a parte que sobrar do seu salário.

Mas, por que mesmo sabendo essa fórmula da riqueza com precisão ainda temos 7 em cada 10 brasileiros com problemas financeiros? Simples. Porque o dinheiro não é somente racional. A fórmula não está errada. Está apenas incompleta.

Em um único dia, tomamos diversas decisões e 96% delas são emocionais. Isso significa que, na maior parte do tempo, gastamos nosso dinheiro baseado na emoção. A razão é somente a consequência. O que define o resultado financeiro de uma pessoa são os seus hábitos em relação ao dinheiro.

Para mudar este resultado é necessário mudar o comportamento e entender o modelo mental de dinheiro. A sua situação financeira é o resultado daquilo que acontece dentro de você. A sua realidade está colhendo o que a sua mentalidade plantou. Logo, sua mentalidade define a sua realidade.

Cada pessoa tem o seu modelo de dinheiro gravado no subconsciente. Chamamos isso de programação mental. A programação mental financeira de uma pessoa pode gerar hábitos de abundância ou escassez. Ela te fortalece ou enfraquece. Uma vez gravado no subconsciente, a pessoa vai em direção àquilo que ela acredita.

Um exemplo disso são as pessoas que dizem que vão terminar o mês sem nenhum dinheiro no bolso. Como no subconsciente já está gravada esta mensagem, de um jeito ou de outro a pessoa encontra formas de gastar e se livrar do dinheiro. Assim como um ar-condicionado está configurado para manter o ambiente em determinada temperatura, todos temos um termostato financeiro calibrado para lidar com certa quantidade de dinheiro. Não à toa, ganhadores de loterias, ex-jogadores ou ganhadores de *reality shows*, muitas vezes voltam ao seu estado financeiro anterior. Seu termostato financeiro não está calibrado para trabalhar com aquela quantidade de dinheiro e, por este motivo, encontra formas de gastar e se livrar daquele montante e trabalhar com pouco ou quase nada.

T. T. Harv Eker, em seu livro *Os segredos da mente milionária*[1], apresenta um conceito através da sigla P-S-A-R:

- Pensamentos conduzem a sentimentos.
- Sentimentos conduzem a ações.
- Ações conduzem a resultados.

Ter dinheiro ou não no final do mês é somente o resultado de como o seu modelo mental financeiro está gravado. Esse modelo de dinheiro é gravado por meio da sua programação mental passada, ou seja, o tipo de experiência ou exposição ao dinheiro que você teve quando era criança. Na infância, temos como nossos maiores exemplos pais ou responsáveis. Neste contexto, somos expostos a três situações em que a programação mental é gravada: programação verbal, exemplos e episódios específicos.

**Programação verbal:** o que você ouvia dos seus pais ou responsáveis quando era criança em relação aos ricos e ao dinheiro. Algo como: dinheiro não nasce em árvore; trabalhe duro para ter dinheiro; dinheiro não traz felicidade; poupe para o dia de amanhã; os ricos são gananciosos; não temos dinheiro para comprar isso. Tente lembrar o máximo de frases que você costumava ouvir das pessoas que eram a sua referência de vida quando era uma criança. Essas frases simples têm um alto impacto no subconsciente de uma criança.

**Exemplos:** o que você copiava em relação a hábitos financeiros dos seus pais ou responsáveis. Eles eram gastadores ou poupadores? O dinheiro

1 EKER, T. Harv. *Os segredos da mente milionária*. Rio de Janeiro: Sextante, 2006.

era motivo de alegria ou de brigas e discussões? Investiam uma parte ou gastavam tudo que tinham? Compravam à vista ou parcelavam? Tinham hábito de pegar dinheiro emprestado para comprar bens materiais? Pense como a sua família lidava com dinheiro e se você herdou algum comportamento que leve você em direção à escassez.

**Episódios específicos:** que tipo de cenas foram vivenciadas na sua infância? Falências, brigas dos pais por dinheiro, perda de patrimônio, endividamento, perdas de emprego, perda de um ente querido que era a principal fonte de renda. Esses momentos marcantes podem gerar traumas financeiros que são repetidos durante uma vida inteira. Por esse motivo, somente trabalhar a parte racional não é suficiente para resolver o problema. Tiago Brunet, em seu livro "Dinheiro é emocional", diz: "Bens materiais não são suficientes para cobrir um buraco emocional do passado"[2].

Em casos de endividamento, é comum encontrar o que chamamos de "consumo patrocinado", ou seja, comprar algo com o dinheiro dos outros. Quando você pega dinheiro emprestado sempre pagará mais caro por isso. Daí vem o efeito conhecido como "bola de neve", em que você paga juros sobre juros com a sensação de não sair do lugar. Este é um condicionamento, uma programação mental gravada no subconsciente, em que faz total sentido comprar coisas com o dinheiro que ainda não tem.

Neste cenário, somente matemática financeira não é suficiente para resolver o problema. Normalmente, funciona enquanto você é supervisionado por um profissional. Basta o contrato acabar e o profissional se afastar que você retorna aos velhos hábitos financeiros e o problema aparece novamente.

Portanto, a transformação precisa acontecer de dentro para fora. Você precisa acreditar primeiro para que o resultado possa aparecer em seguida. O processo passa por quatro fases essenciais para a transformação:

- Na **conscientização**, a pessoa entende que está endividada. Se ela simplesmente tem consciência, mas não quer mudar, o resultado financeiro no final do mês não vai mudar. Para que algo relevante comece a acontecer, ela precisa aceitar sua condição atual e querer mudar, ou seja, dar mais um passo em direção à transformação.

2 BRUNET, Tiago. *Dinheiro é emocional*: saúde emocional para ter paz e prosperidade financeira. São Paulo: Editora Momentum, 2014.

- Na **aceitação**, a pessoa tem consciência, aceita que tem um problema e sai em busca de ajuda profissional ou tenta, de alguma forma, resolver o problema.

- Uma vez que essa decisão é tomada, entramos na fase de **dissociação**, em que novos hábitos financeiros são incorporados na rotina, seja por meio de ajuda profissional ou por força de vontade. Essa fase é importante para desgravar os hábitos financeiros de escassez e substituir por hábitos de prosperidade.

- Por fim, entramos no **recondicionamento**. Nessa fase, é necessário substituir o condicionamento antigo por um novo que traga melhores resultados financeiros. Substituir é fácil. O problema está na repetição. Como exemplo, uma pessoa que busca reeducação alimentar recebe uma receita médica com a dieta estabelecida. Ao sair do consultório médico está radiante, querendo colocar tudo aquilo em prática. É necessário repetir aquele novo hábito todos os dias. Uma luta incessante contra o subconsciente condicionado a uma alimentação desregrada. Antes mesmo de virar um novo hábito saudável, o subconsciente começa a sabotar, jogando frases na mente, como: "Eu mereço", "É só dessa vez", "E se o mundo acabar amanhã?". Quando esta pessoa ceder uma única vez, pronto! Todo ciclo é interrompido. O hábito antigo volta a fazer sentido e a pessoa retorna ao seu estado anterior.

Com as finanças não é diferente. Ao introduzir novos hábitos financeiros, nosso subconsciente entende que você está abandonando sua zona de conforto, aquela que você repetiu durante tantos anos e que está acostumado a lidar. Isso significa que você está entrando numa zona de perigo e por isso ele tenta enviar mensagens sabotadoras para fazer você voltar ao que era antes, pois tudo sempre funcionou assim.

É importante destacar que o resultado no mundo físico só vai acontecer quando você, de fato, quebrar a barreira do subconsciente e fizer uma nova forma de pensar ficar gravada, substituindo a anterior. De tanto insistir e de tanto acreditar que uma nova realidade será possível é que a transformação estará completa. Razão e emoção.

Agora, você está pronto para usar ferramentas de controle como planilhas ou aplicativos, a parte racional, para ajudá-lo a estabelecer e cumprir metas em busca do seu equilíbrio financeiro. Dependendo do grau de endividamento, é preciso entender que pode levar um longo tempo até conseguir eliminar as dívidas e viver de uma maneira mais harmoniosa com o dinheiro.

Coloque sempre uma meta maior. O segredo, antes mesmo de começar a mudança, é responder a seguinte pergunta: "Qual seria a primeira coisa que eu faria se não estivesse endividado?". A resposta a essa pergunta precisa ser o seu farol. Nunca tire esta meta da cabeça. Por mais longe que possa parecer, continuar cavando seu buraco financeiro será ainda pior. Use este sonho como um fator de engajamento. Acorde pensando como seria bom desfrutar aquele momento se tivesse a liberdade de escolha e não se preocupar com dívidas. Tenha isso em mente. Substitua o condicionamento errado por hábitos financeiros saudáveis que levam você à prosperidade.

Faça as pazes com o dinheiro. Aprenda que ele é uma ferramenta facilitadora, e não um fim. Não deixe o dinheiro controlar você. Se tiver uma recaída no meio do caminho, erga a cabeça e volte a pensar na sua meta e em repetir o novo condicionamento. Será uma luta contra você mesmo. Tenha seus hábitos de escassez como seu maior inimigo. Afinal de contas, foram eles que trouxeram você ao cenário que está hoje.

Muitos apostam para garantir o futuro financeiro. Não deixe sua vida depender de um golpe de sorte. A probabilidade de acontecer é muito pequena e a chance de terminar o jogo dependendo do governo é grande. Agora responda: Você realmente acredita que o governo vai garantir sua aposentadoria?

Por maior que seja seu endividamento, você pode levar certo tempo para sair dele, mas a recompensa de viver uma vida inteira livre e realizando sonhos é onde mora o prazer das coisas. Você consegue! Apenas depende do quanto está empenhado para a virada do jogo.

Razão e emoção são a fonte para o equilíbrio financeiro, sempre.

**Para mudar o seu resultado financeiro, entenda o seu modelo mental de dinheiro e substitua hábitos de escassez por hábitos de abundância.**

ROBSON HENRIQUES

@vansatalaia_fotografia

# SÂMELA SILVA

Sou Sâmela Silva, educadora e planejadora financeira pessoal. Empreendo desde 2019, ajudando pessoas a se organizarem para investir e realizar mais!

Jornalista de formação e pós-graduada em Gestão de Negócios, trabalhei 15 anos no mundo corporativo, focada em gestão, qualidade e processos de TI.

Nasci em São Paulo, em uma família de origem simples que não teve acesso à educação financeira. Tive que buscar conhecimento para mudar minha própria vida e, por ver os resultados, quis ajudar mais pessoas a conseguirem o mesmo.

Realizei uma especialização em Planejamento Financeiro, fiz transição de carreira e desde então foram centenas de famílias atendidas e inúmeras vidas impactadas por meio de consultorias, cursos e palestras. Espero te ajudar também.

**samelasilva**

**samelasilva.com.br**

# 26 CARTÃO DE CRÉDITO: DE VILÃO A ALIADO

POR SÂMELA SILVA



Responda sinceramente: como seria a sua vida se cartões de crédito não existissem?

Tenho feito essa pergunta e muitas pessoas nem imaginam como fariam para dar conta de tudo, adquirir itens e até realizar sonhos como uma viagem. Isso porque viver com o dinheiro do mês nos faria esperar mais para saciarmos nossas vontades (em alguns casos, necessidades). A ordem seria invertida e o comum seria juntar antes para conquistar só depois.

A questão é que somos imediatistas por natureza. O futuro não existe para o nosso cérebro e esperar não é o forte de nós, humanos. Facilmente, fomos encantados pelo conceito do comprar primeiro e pagar mais tarde. Uma dinâmica sedutora que surgiu em 1920, nos Estados Unidos, e tomou a forma do cartão de plástico que conhecemos, por volta de 1950.

Eu fui uma das encantadas. Até os 18 anos, só sabia o que era gastar em dinheiro em espécie, quantia que eu conseguia fazendo trufas e pães de mel que vendia na escola e na igreja. Ao entrar na faculdade, recebi uma oferta de um cartão de crédito universitário. Como se todo estudante tivesse remuneração consistente e soubesse lidar com aquilo. Foi aí que começou meu processo silencioso de endividamento.

Por um tempo, fiz parte da camada dos brasileiros endividados que tiveram acesso ao crédito fácil, mas não à educação financeira. Hoje esse número chega a quase 80% da população, sendo que cerca de 60% do problema é relacionado ao cartão de crédito. Não há como fechar os olhos para isto.

**Prazer, cartão de crédito!**

A primeira coisa que quero lembrar a você, é que o cartão de crédito é um instrumento de empréstimo financeiro. O limite é o saldo pré-aprovado que pegamos emprestado e nos comprometemos a pagar uma vez por mês sem juros, através da fatura. Então, sim, ao utilizá-lo você está fazendo um empréstimo e já possui uma dívida. Quitando em dia, está tudo bem. O problema é atrasar, pagar o valor mínimo ou até se tornar inadimplente.

Por ser um crédito de tão fácil acesso e ter um risco alto de não pagamento, os bancos cobram os maiores juros do mercado. É importante saber disso para termos consciência e escolhermos se vamos usá-lo ou não. Afinal, apesar de parecer regra, ninguém é obrigado a ter cartão de crédito. Sinta-se livre!

A segunda coisa interessante é que, se pensarmos bem, o cartão é apenas um meio de pagamento. Logo, dizer que seu problema é o cartão de crédito, é ignorar o fato de que ele não "se passa" sozinho. Eu sei que é um pouco constrangedor encarar isso, mas é verdade! O retângulo da felicidade imediata é uma ferramenta que, como qualquer outra, depende de quem está usando. Sou prova disso, pois hoje ele deixou de ser um vilão e passou a ser um aliado.

O que mudou? Busquei conhecimento, passei a reconhecer minha parcela de responsabilidade e entendi melhor como minha mente e o cartão funcionam. Dessa forma, estabeleci o espaço dele na minha rotina financeira e passei a usá-lo de forma sustentável. Veja que a questão comportamental fez parte deste meu processo. Ela deve ser levada a sério e, se for o caso, um bom planejador financeiro e um psicólogo podem ajudar muito.

Mas como mudar o comportamento não é tão simples, vou sugerir pequenas modificações que proporcionarão um uso mais saudável do cartão!

**O cartão de crédito se torna um vilão quando:**

- Você faz do limite uma extensão da renda. "Recebo R$ 5.000,00 e tenho um cartão com limite de R$ 10.000,00, logo posso gastar R$ 15.000,00";
- Você não tem um orçamento definido e não acompanha a fatura nas semanas, ficando refém do efeito surpresa no fim do mês;
- Você paga o mínimo e arca com os juros que podem dobrar a dívida.

Como exercício, pergunte-se:

1) Eu realmente preciso do cartão de crédito?

2) Se eu quisesse tirá-lo hoje da minha rotina, seria simples?

3) Eu me dou bem com controles mais detalhados e de longo prazo que o cartão exige?

Se você disse "não" para ao menos duas das questões acima, talvez seja o caso de repensar o uso desta ferramenta. Caso tenha respondido mais "sim", é provável que você só precise de alguns ajustes para aproveitar cada vez mais a parte boa dela.

**O que fazer quando o cartão já é um problema?**

Reconhecer que o cartão pode não ser benéfico para o seu perfil ou perceber que seria melhor dar uma pausa no uso para se reorganizar, é um passo e tanto! Porém... como fazer isso, na prática, se há faturas a pagar e ainda começar a bancar o próprio mês no débito?

O jeito mais simples seria quitá-lo em sua totalidade e não usar mais. Só que a maioria não dispõe dessa quantia extra. Ou até possui o valor, mas zeraria sua reserva financeira, o que seria arriscado, já que não sabemos quando novos imprevistos surgirão.

Se você faz parte da minoria e tem condições, faço o convite para quitá-lo e "acabar com o mal pela raiz" de uma vez. Agora, se você não tem este valor, terá que fazer de forma gradativa. Continue pagando as faturas e tente usar mais o débito. Só use o crédito se realmente não houver mais dinheiro na conta. Com o passar dos meses, as faturas reduzirão e você usará cada vez menos o crédito, até por fim conseguir passar o mês todo no débito. Neste dia, comemore!

**Mas... e as milhas aéreas?**

É muito comum pessoas chegarem até mim com um nível alto de desorganização financeira que as leva a não poupar e até pagar juros. Normalmente, reconhecem que o cartão de crédito contribui para esta bagunça com o dinheiro, mas insistem no uso porque "vão acumular pontos".

Não vou mentir, ele ajuda, apesar de não ser a forma mais eficiente de conseguir milhas aéreas, mas será que a desorganização financeira que ele gera não te faz gastar mais? Se você estivesse vivendo no débito, será que conseguiria economizar e pagar uma passagem aérea em paz? Fica a reflexão.

**Quando o cartão de crédito se torna um aliado?**

Ao rever o espaço que você dará ao cartão de crédito na sua vida, poderá começar a usá-lo ao seu favor, se assim desejar. Você deve tirá-lo da sua caixa de ferramentas para:

- Comprar um item de alto valor e parcelar sem juros. Se conseguir juntar o dinheiro antes, melhor ainda! Você pode até deixá-lo investido e ir resgatando aos poucos para pagar as faturas;
- Concentrar todas as despesas variáveis e sazonais (algumas fixas também) em uma única data;
- Aproveitar benefícios que podem ser úteis no dia a dia e em viagens, como serviço de concierge, seguro-viagem, acesso gratuito às salas VIPs em aeroportos etc.

**6 passos para usar o cartão de crédito do jeito certo**

1º) Defina seu orçamento.

Mapeie todas as suas despesas e estabeleça limites de gastos até para as variáveis (mercado, lazer, delivery, combustível etc.) e as sazonais (presentes, vestuário, shows etc.).

2º) Estabeleça uma forma de acompanhamento.

Defina como você vai acompanhar seus gastos e a frequência. Cerca de 30 minutos semanais costumam ser suficientes e você pode usar um caderninho, uma planilha ou um aplicativo de finanças.

Atenção! Este controle precisa mostrar as faturas dos meses à frente para que você já tenha dimensão do valor futuro comprometido.

3º) Defina quando o cartão de crédito será usado.

Avalie se você irá usá-lo exclusivamente para assinaturas e compras maiores ou se será para tudo. Ao definir isso, se não for utilizar para itens corriqueiros, sugiro deixar o cartão em casa e descadastrá-lo de lojas *on-line*.

4º) Use apenas um cartão e escolha bem qual.

Recomendo fortemente que você use apenas um cartão. Utilizar vários fará com que tenha diversas faturas para controlar, e isso por si só já pode te desorganizar. Além disso, compare benefícios e anuidades e escolha um bom cartão. Você até pode ter mais cartões por conta das vantagens, mas usar mesmo, somente um.

5º) Coloque a data de vencimento próxima da sua renda.

Pagar a fatura muitos dias após o recebimento da sua remuneração faz com que você comece a usá-lo de forma nociva para "esticar" seu salário. Recebe no 5º dia útil? Sua fatura deve vencer no máximo todo dia 10, por exemplo.

6º) Inverta a ordem das suas conquistas.

Nossa capacidade de realizar sonhos não pode estar ancorada em uma ferramenta de empréstimo financeiro e é isso que o cartão de crédito é. Portanto, busque inverter a ordem.

Pesquise o valor dos seus desejos e sonhos e procure juntar o dinheiro antes, para realizar depois, pagando à vista e quem sabe até com desconto. Pode até passar no crédito ou parcelar sem juros, mas já com o dinheiro em caixa (quem sabe até investido) para saldar as faturas.

**Vilão ou aliado?**

Apesar de todo este cenário complexo, por aqui, conseguimos entender essa dinâmica e o cartão de crédito se tornou um aliado. Meu companheiro e eu concentramos todos os gastos do dia a dia nele e pagamos em uma única data, junto com as demais despesas da casa. Nós fazemos compras à vista ou a prazo, avaliando o custo-benefício, e temos aproveitado os benefícios para viajar mais e melhor.

Mas a Sâmela de 2010 precisou parar, reaprender, para só depois começar a construir um bom relacionamento com o cartão de crédito, que já dura mais de uma década. Por isso, não seja ingênuo de achar que o que funciona para um, funciona para todos. O importante é respeitar o que faz sentido para o seu momento e perfil.

Convido você, então, a separar blocos de tempo na sua agenda, mesmo que sejam de 15 ou 30 minutos, e assim começar a aplicar as técnicas que mudaram o jogo para mim e têm mudado para muitos dos meus clientes e alunos.

Releia este capítulo e execute cada item, por etapas. Um passo de cada vez e você verá que, aos poucos, terá avançado muito. Se no final, você decidir abandonar o cartão, usá-lo apenas para itens específicos ou passar até o cafezinho, não faz diferença. O importante é que a dinâmica definida daqui para frente funcione e lhe ajude a ter uma relação mais leve e saudável com o dinheiro.

Vamos continuar este papo? Fale comigo por meio dos meus contatos, pois quero ver você vivendo bem hoje, realizando sonhos e construindo seu futuro.

> **Dizer que seu problema é o cartão de crédito, é ignorar o fato de que ele não "se passa" sozinho.**

SÂMELA SILVA

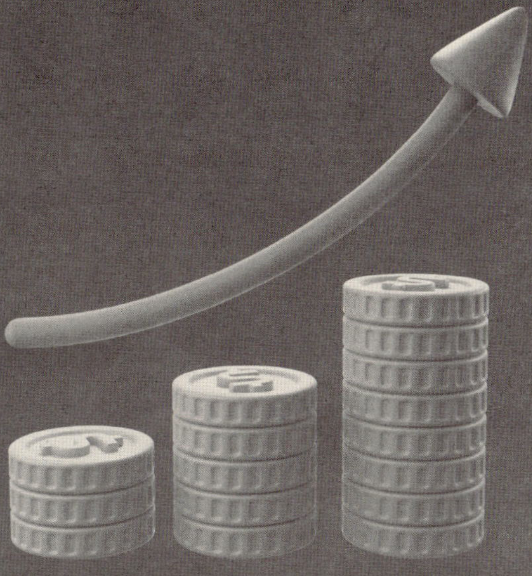

# SIMONY DIAS

Sou Simony Dias, formada em Ciências Contábeis, natural de Fortaleza/CE, onde resido com meu marido Jonathan Castelo Branco e meu filho Levi Dias C. Branco. Com vasta experiência na área de finanças corporativas, atuei em empresas nacionais e multinacionais. Atualmente, sou diretora financeira, proprietária da Comunidade Contannect e membro técnico do Conselho Regional de Contabilidade do Ceará.

Quando jovem, após enfrentar situações difíceis por não saber lidar com o dinheiro, mudei a minha vida por meio da educação financeira, e, a partir daí, especializei-me em Mentoria de Finanças Pessoais e passei a disseminar o meu conhecimento por meio do Instagram, comunidade e atendimentos individuais.


**simonydias**

**+55 (85) 98628-6367**

**simony-dias**

**simonydias@scdconsultoria.com.br**


ADEUS,
DÍVIDAS
ESTRATÉGIAS PRÁTICAS PARA CUIDAR DO SEU DINHEIRO

# 27 A IMPORTÂNCIA DA RESERVA EM TEMPOS DIFÍCEIS

POR SIMONY DIAS



O ano era 2010, chamaram Joaquim para uma reunião no grande salão da fábrica, assim como chamaram também os demais colaboradores, pois um grande anúncio seria feito. O gerente corporativo da área de Recursos Humanos se apresentou e informou para os presentes sobre a situação da empresa, que pelos prejuízos decorrentes de inúmeras trocas das máquinas dos clientes por erro de fabricação, a empresa não conseguiria se manter operando nas condições atuais, precisariam reduzir custos.

O gerente estava com uma lista na mão e informou que aqueles que fossem chamados seriam desligados e poderiam recolher as suas coisas e ir para casa, pois no dia seguinte a fábrica trabalharia com a capacidade reduzida e, posteriormente, o RH entraria em contato para alinhar os próximos passos.

Todos os colaboradores ficaram paralisados, confusos, sem acreditar, e Joaquim começou a rezar para que seu nome não estivesse na lista, assim como muitos, mas, infelizmente, o seu nome foi chamado. A partir daquele momento, um suor frio correu no corpo dele e pensou "O que vou fazer agora?". Era sabido por todos da região que emprego não era algo rápido de encontrar e agora o número de desempregados aumentaria em mais duzentos, piorando ainda mais o cenário.

Joaquim tinha uma vida comum, de um cidadão comum: casa e carros financiados, crediários de roupas e calçados, faturas de cartões de créditos com muitas compras parceladas, sua filha frequentando uma ótima escola, a esposa que não trabalhava fora. Mas, diante de tudo isso, o saldo em conta era de R$ 780,00, e, para agravar a situação, ele não tinha bens de grandes valores para vender.

Sem outra fonte de renda, Joaquim não estava preparado para essa crise que acabara de se instalar em sua vida, e, assim como ele, milhões de brasileiros não estão preparados para os momentos de crise que podem surgir em suas vidas.

No dia seguinte, o contato do RH foi para informar que não tinham como honrar com o salário do mês nem com as custas referentes às verbas rescisórias, quer dizer, os colaboradores não receberiam nada, a empresa acabara de entrar em recuperação judicial.

Após a conversa com o RH, Joaquim, que tinha suas esperanças depositadas no recebimento das suas verbas rescisórias, começou a pensar em como conseguiria dinheiro para suprir as suas necessidades básicas e de sua família, como alimentação, por exemplo. Como honraria seus compromissos? Diante disso, a primeira coisa que ele fez foi pedir dinheiro emprestado, e, pior, não conseguiu nem barganhar taxas de juros e acabou aceitando o dinheiro do seu banco a juros altíssimos. Ainda assim, ele estava ciente de que algumas contas deixariam de ser pagas, o saldo do cartão de crédito seria utilizado como "renda", e, consequentemente, seria iniciado um ciclo de endividamento, o verdadeiro efeito "bola de neve", uma dívida cobrindo outra.

O grande impacto na vida da pessoa despreparada que entra numa crise é que, além de se endividar, ela será afetada mentalmente, se sentirá frustrada, viverá preocupada, e isso, cedo ou tarde, irá abalar a relação familiar.

Se você, leitor, chegou até aqui, meus parabéns! Agora, vamos juntos entender o que o Joaquim deveria ter feito e o que nós devemos fazer para enfrentar as crises financeiras, pois não devemos contar com a sorte.

O marco inicial para nos prevenirmos contra as crises é ter uma reserva financeira. E o que seria essa reserva? Imagine um cofre. O objetivo desse cofre é colocarmos dinheiro nele para suprir as emergências como as de Joaquim. Você pode ter cofres com diferentes objetivos, exemplos:

- Para emergências;
- Reformar a casa;
- Trocar de carro;
- Viajar nas férias.

Mas, o mais importante, é o cofre das emergências. Esse é o primeiro cofre que você deverá priorizar. E por quê? 1) Não devemos contar com a sorte; 2) Imprevistos podem acontecer até com você; 3) Até na estabilidade pode haver instabilidade; e 4) Nada vale mais do que a sua paz.

Esses cofres são as suas **reservas**! Claro que em tempo de bancos digitais e pela facilidade que existe hoje de investirmos nosso dinheiro, não constituiremos nossas reservas em cofres físicos, ou porquinhos, como antigamente; utilizaremos as plataformas digitais para constituir nossas reservas e aplicaremos os recursos de cada cofre em, preferencialmente, investimentos de renda fixa, investimentos em que se conhece quanto de juros vai render.

A reserva financeira para cobrir emergências é popularmente chamada de **reserva de emergência** e tem como objetivo dar suporte em situações difíceis, tais como:

- Imprevistos com a saúde:
    - o Imagine você ou um parente ficar doente e precisar de assistência médica, medicamentos ou realizar exames que não são cobertos pelo plano de saúde.
- Reparar danos ou imprevistos em móveis e imóveis:
    - o Imagine uma chuva forte que derruba parte do seu telhado ou um problema no motor da máquina de lavar roupas.
- Perda do emprego:
    - o Imagine que você é demitido, pois a empresa entrou em recuperação judicial e você não receberá tão cedo as verbas rescisórias.
- Redução da renda:
    - o Imagine que o seu salário será reduzido por um tempo, igual a medida aplicada pelo Governo na época da pandemia covid-19, autorizando os empresários a reduzirem os salários dos colaboradores para não ter que demiti-los.
- Perdas materiais relevantes por questões catastróficas:
    - o Imagine que uma enchente leva seu carro ou sua casa e você não tem seguro dos bens, ou tem seguro, mas não tem o dinheiro da franquia.

Quando esses cenários acontecem, importam em gastos não previstos, portanto, devido à importância de muitos deles, as pessoas irão querer resolvê-los no curtíssimo prazo, e, caso não tenham reservas para isso, certamente irão se endividar.

Para constituição da reserva, adotaremos uma das leis de ouro previstas no livro *O homem mais rico da Babilônia*, de George S. Clason, em que, no decorrer da história, ele fala que devemos "guardar 10% de toda renda que recebermos"[1]. Mas quanto dinheiro a gente precisa guardar para encher o "cofre" da reserva de emergência? Siga os três passos abaixo para ter sucesso na formação das suas reservas.

**Primeiro passo:**

No dia a dia, temos sempre aquela conta bancária que é utilizada para pagar as contas, realizar compras, receber a renda etc. Podemos chamar essa conta bancária de "livre movimentação". Dessa forma, para não correr o risco de embaralhar tudo, se você utilizar essa mesma conta para formar sua reserva, sugiro que você **abra uma conta em um banco digital e forme suas reservas nele**. Portanto, todo mês você deveria transferir os dez por cento da conta de livre movimentação para a conta em que ficarão as reservas. Se preferir, poderá constituir a reserva na conta de livre movimentação compondo-a direto como investimento.

**Segundo passo:**

Você vai **guardar 10%** da sua renda nesse "cofre" **até chegar ao valor que corresponde a, no mínimo, seis vezes o seu custo mensal**. Vamos fazer as contas, pare agora a leitura e pegue uma caneta e papel. Tudo em mãos? Comece a anotar os custos que você tem com: aluguel, alimentação, transporte, educação, telefonia, internet, água, energia, gás, financiamento casa etc. Se tiver mais alguma conta que não foi citada e faz parte da sua despesa mensal, escreva-a também. Depois disso, some tudo.

Vamos considerar que a conta que você fez no parágrafo anterior totalizou R$ 4.000,00. Portanto, a sua reserva de emergência deverá ser seis vezes R$ 4.000,00, totalizando R$ 24.000,00. Ah, Simony, mas é muito dinheiro, eu não vou conseguir! Pare tudo agora e leia em voz alta duas vezes: **"Um passo de cada vez e chegaremos lá! Em vez de pressa, terei FOCO.** Vá guardando os 10% e investindo que você chegará lá.

**Terceiro passo:**

É importante que, à medida que você for depositando na conta da reserva, **o recurso guardado seja investido**. Quer dizer, o dinheiro da reserva deverá render, pois ele é corroído pela inflação se não for atualizado. Sabe aqueles R$100,00 que você tinha no ano anterior e conseguia comprar quantidade "X" de coisas? Hoje já não compra mais "X", compra "X" menos três. Quer

1 CLASON, George S. *O homem mais rico da babilônia.* 20. ed. Rio de Janeiro: HaperCollins, 2017.

dizer, os R$ 100,00 do ano passado valem menos no ano corrente, ele já não compra as mesmas coisas que comprava antes. Conclusão: seu dinheiro perde valor no tempo quando você o deixa guardado sem investir. O ato de investir é para que seu dinheiro seja atualizado por meio dos rendimentos.

E se Joaquim tivesse uma reserva na época da sua demissão, como teria sido a sua vida? Certamente ele estaria triste pela situação da empresa e o impacto que teria na vida dele e de outras pessoas, mas, ele poderia analisar com calma o cenário e planejar. Afinal, suas necessidades básicas e de sua família estariam garantidas pelos próximos seis meses. Esse período deve ser utilizado para se recolocar no mercado.

A grande lição é que não devemos terceirizar nossas reservas, como confiar que a reserva de emergência seria a verba rescisória caso fôssemos demitidos. Infelizmente, muita gente tem como reserva esses valores. Os profissionais autônomos devem, por obrigação, constituir suas reservas, afinal, muitos serviços têm picos de altas e baixas durante o ano e nas baixas precisarão estar resguardados, financeiramente, para custear suas despesas.

A minha reserva me deixou tranquila para tomar a decisão de pedir demissão da empresa que eu trabalhava há doze anos e me recolocar no mercado. Para mim não havia frustração maior do que continuar trabalhando na empresa onde a nova filosofia de trabalho era diferente da que eu acreditava. A reserva, além de suportar você nas crises, liberta. Dá a liberdade de escolha. A constituição da reserva é fator crítico de sucesso na organização financeira, afinal, sem ela, em qualquer crise o primeiro passo será um endividamento.

Caro(a) leitor(a), em caso de dúvidas, contribuições ou elogios, entre em contato comigo por e-mail (simonydias@scdconsultoria.com.br) ou por meio do meu Instagram (@simonydias_). Será um prazer atendê-lo(a).

“

**É fundamental ter reserva para tempos difíceis, do contrário, é contar com a sorte.**

SIMONY DIAS

# TIAGO ROBERTO

Meu nome é Tiago Roberto Alves da Silva. Filho de Deus. Natural de Icó/CE. Casado com Angela Karita, o amor da minha vida.

Sou investidor na bolsa de valores, administrador registrado no Conselho Regional de Administração do Ceará, educador financeiro, *Professional & Life Coach*, especialista em Gestão Financeira e gerente de área de uma multinacional de telecomunicações.

Fundei a Comunidade Investidores da Liberdade, com mais de duzentos alunos impactados por meio de uma *masterclass*, toda as segundas-feiras.

A educação financeira me fez sair de um endividado para me tornar um investidor, por isso, meu propósito é transformar vidas por meio da educação financeira.

**tiagorobertofinancas**

**tiago.roberto.financas@outlook.com.**

ADEUS, DÍVIDAS

ESTRATÉGIAS PRÁTICAS PARA CUIDAR DO SEU DINHEIRO

# 28 DAS DÍVIDAS AOS INVESTIMENTOS

POR TIAGO ROBERTO

Em 2015, minha vida financeira era um caos. Tinha acabado de começar a faculdade de administração, buscando me desenvolver, estava solteiro, com 25 anos, e como a maioria dos jovens gostava muito de sair no final de semana para barzinhos. O problema era que essas saídas custavam dinheiro. E por querer acompanhar meus amigos todo final de semana nessa curtição, o salário-mínimo que recebia na época não dava para nada. Depois que eu pagava o financiamento da moto, o cartão de crédito e a faculdade, sobrava R$ 5,00 para passar o mês.

O que posso falar para você é que nessa época, na frente de todos meus amigos e familiares, eu mostrava uma falsa felicidade, mas quando estava sozinho, minha vida era triste, vazia, frustrada e deprimente. Isso devido aos problemas financeiros que eu causei na minha vida. Só queria curtir e beber, sem pensar no amanhã. Fiquei com mais de R$ 5.000,00 de dívidas, dois cartões de crédito me colocaram no Serasa e vários empréstimos no banco para pagar. Tudo isso comprometia mais de 70% da minha renda.

Esse era o meu grande problema, pensava só no agora e não pensava no amanhã. Até o momento em que Deus tocou meu coração. Em uma noite de terça-feira, sentado sozinho no quintal da casa da minha tia, eu chorava muito e perguntava a Deus porque eu estava passando por isso. Dizia a Deus que era um trabalhador, honesto, tinha dedicação para estudar, mas que estava sofrendo e sem saber o que fazer para sair daquela situação de dívidas financeiras que tinha me metido.

Nesse momento, Deus me mostrou que eu precisava fazer algo e, naquela noite fria de terça-feira, eu decidi. Decidi que não permitiria mais passar por aquela situação na minha vida. Daquele dia em diante eu faria o que fosse possível para resolver, de uma vez por todas, minha situação financeira.

Talvez essa situação esteja acontecendo com você: dívidas, nome no Serasa, pagando só o valor mínimo do cartão de crédito, sem saber o que fazer para resolver essa situação. O que eu tenho para falar para você é que consegui sair dessa situação e hoje sou um investidor na bolsa de valores e ensino, com a minha experiência de vida, como sair de endividado e se tornar um investidor.

Transformei a minha vida por meio da educação financeira. E quero mostrar que você também pode transformar a sua vida com educação financeira.

A grande dor dos brasileiros são as dívidas. É um problema que, além do financeiro, envolve o psicológico, afetando relações pessoais, causando brigas familiares, insônia e até mesmo depressão. E muitos casais acabam se separando por causa de problemas financeiros. Estou cansado de ver as dívidas causarem problemas na vida dos brasileiros; eu mesmo senti na pele e sei como é passar por isso.

Por entender você, sei que os seus problemas não são financeiros. O seu problema é gestão. Saber gerenciar o seu dinheiro é o que faz a diferença. Gestão fez a diferença na minha vida e vai fazer na sua também.

Para mim, a política financeira é zero dívidas. Ninguém cresce financeiramente com dívidas. Se você pensa assim, você tem uma crença limitante que está bloqueando seu desenvolvimento e sua prosperidade financeira. E só para deixar bem claro, dívida para mim é quando você não consegue pagar algo na data do vencimento e esse valor fica pendente para o próximo mês. Por exemplo, a fatura do cartão que você paga o mínimo e o restante vem na próxima fatura.

Outra coisa que considero dívida é comprar algo que não gera dinheiro, experiência ou conhecimento para você. Por exemplo, financiar uma casa só para mostrar para seus amigos que você não é um "fracassado" é uma dívida. Agora, quando você financia uma casa em que a parcela cabe no seu orçamento e você constrói um lar com sua família, isso não é dívida.

Para resolver essa dor e se tornar um investidor, você precisa entender os quatro vilões das dívidas. São eles: 1) não saber o seu orçamento; 2) gastar mais do que ganha; 3) não ter uma reserva de emergência e; 4) não estudar educação financeira.

Você precisa derrotar esses vilões causadores das dívidas. Quando você não sabe o seu orçamento, você gasta sem saber qual é o seu teto; com isso, acaba gastando mais do que ganha. Quando aparece um gasto emergencial, você não tem dinheiro reservado para emergência e acaba usando o crédito e se endividando para pagar essa despesa. Por não estudar educação financeira, acaba tendo atitudes e comportamentos que só levam a piorar sua situação financeira.

Vou compartilhar uma ferramenta que desenvolvi quando estava endividado e que me ajudou a zerar minhas dívidas, chamada Lista de Prioridade de Dívidas. Consiste em cinco passos para começar a quitar as dívidas.

**1º passo - Anote todas as suas dívidas.** Pegue papel e caneta e anote todas as suas dívidas. Todas mesmo, sem exceção. Até o pão que você deve na padaria. Esse exercício é para você tomar consciência do valor total das dívidas que você tem. Ressalto que esse exercício é o mais importante a se fazer. Não o pule de maneira alguma. Se você não sabe quantas dívidas tem, não sabe o valor de cada uma e não sabe o valor total das suas dívidas, como você vai começar a pagar todas elas?

**2º passo - Defina uma prioridade de pagamento após colocar todas as dívidas na planilha com seus respectivos valores.** Isso é importante para você colocar sua energia e foco em somente uma dívida por vez. Escolha quais dívidas vai pagar primeiro. Se é a que tem maiores juros ou a que tem o montante maior. Porque você não vai conseguir pagar todas as dívidas de uma vez só. Dessa forma, priorize o pagamento de uma dívida e esqueça as outras. Depois que pagar essa, siga para a próxima dívida. E assim sucessivamente.

**3º passo - Defina um percentual da sua renda para pagar as dívidas.** Determine um percentual que você vai retirar da sua renda mensal para começar a pagar as dívidas. Não adianta dizer que não sobra dinheiro para pagar as dívidas. Isso é só desculpa para não pagar. Quem quer, dá um jeito. Quem não quer, dá uma desculpa. Nunca vai sobrar dinheiro se você não fizer por onde sobrar dinheiro. Dessa forma, defina que vai separar pelo menos 10% da sua renda para pagar suas dívidas. Por exemplo, se você ganha R$ 2.000,00 por mês, então você vai separar R$ 200,00 para pagar a primeira dívida que você definiu no segundo passo. Essa etapa é fundamental para o próximo passo.

**4º passo - Renegocie suas dívidas.** Com a prioridade de pagamento, definida e com o valor separado todo mês para pagar as dívidas, entre em contato com os credores para renegociar. Fale a verdade. Diga que fez um planejamento para pagar a dívida, que vai separar 10% do que ganha para pagar e que está pedindo uma renegociação. Tente renegociar para baixar os juros, o montante ou a parcela da dívida no valor que você pode pagar todos os meses.

**5º passo - Honre com sua palavra e pague a dívida.** Agora é hora de pagar a dívida que você renegociou e se comprometeu a pagar. Honre sua palavra e pague regularmente as parcelas. Você fez todo um planejamento, entrou em contato para renegociar, não jogue fora todo esse esforço. Pague, pague e pague. Muitas pessoas falham aqui, mas você não vai falhar. Você é diferente dos outros e vai acabar com todas as suas dívidas.

Siga esses cinco passos que você vai conseguir quitar suas dívidas e só após isso vai estar apto a começar a investir. Não adianta começar a investir enquanto se tem dívidas, porque os juros das dívidas sempre são maiores do que os dos investimentos. Se você investe R$ 100,00 enquanto está devendo R$ 150,00 para alguém, em um momento de dificuldade ou cobrança, você vai resgatar seu investimento antes do tempo e vai perder dinheiro nessa operação.

Investir precisa de planejamento, estratégia e visão de longo prazo. E é sobre essas três coisas que quero falar para finalizar este capítulo.

O planejamento para começar a investir passa por você ter um orçamento. Você sabe o que é orçamento? O orçamento é uma ferramenta para você saber qual é sua renda, quanto tem de despesas e qual é seu saldo financeiro. Por incrível que pareça, tem pessoas que não sabem quanto ganham e nem o valor das suas despesas mensais.

No orçamento você vai informar qual o valor das suas rendas, se tiver mais de uma, informar todas as suas despesas e fazer uma conta simples de renda menos despesas. Por exemplo, se você tem uma renda de R$ 5.000,00 e tem uma despesa de R$ 5.500,00, você tem um *déficit* mensal de R$ 500,00. Isso não é bom. Nessa situação, você vai trabalhar para que o seu saldo seja positivo todo mês.

Com o saldo positivo você consegue definir no seu orçamento um valor para investir todo mês. Com esse valor definido, a primeira coisa que você vai fazer é pegar esse valor e mandar para a corretora para você investir. Aqui entra a estratégia de investimento. Você não deve investir só por investir. Ou investir em determinado produto só porque muitas pessoas estão falando. Você precisa definir qual o seu objetivo, para quando você vai investir, porque vai investir e analisar e escolher os investimentos que se adequem ao seu perfil.

Por último, desenvolva a visão de longo prazo, quebre a crença limitante de "vou gastar meu dinheiro hoje porque amanhã não sei se estarei vivo". Só que amanhã você estará vivo e sem dinheiro. Investir é para 10, 20, 30 anos ou mais.

Plante seu dinheiro hoje e colha liberdade no futuro.

"

**Conhecimento só é poder se você aplicar na sua vida. Fazer o que tem que ser feito para mudar sua vida financeira só depende de você.**

TIAGO ROBERTO